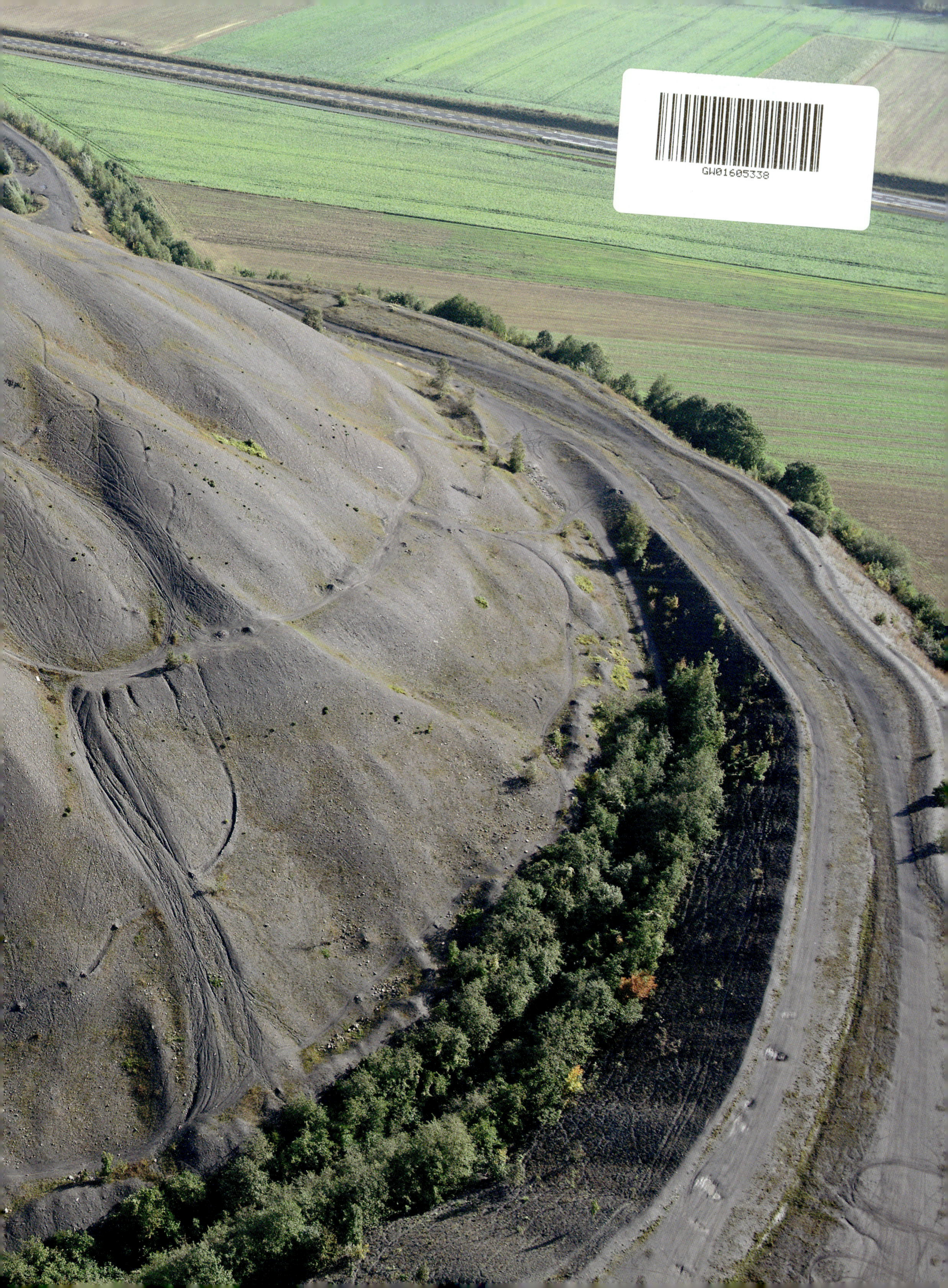

Sommaire

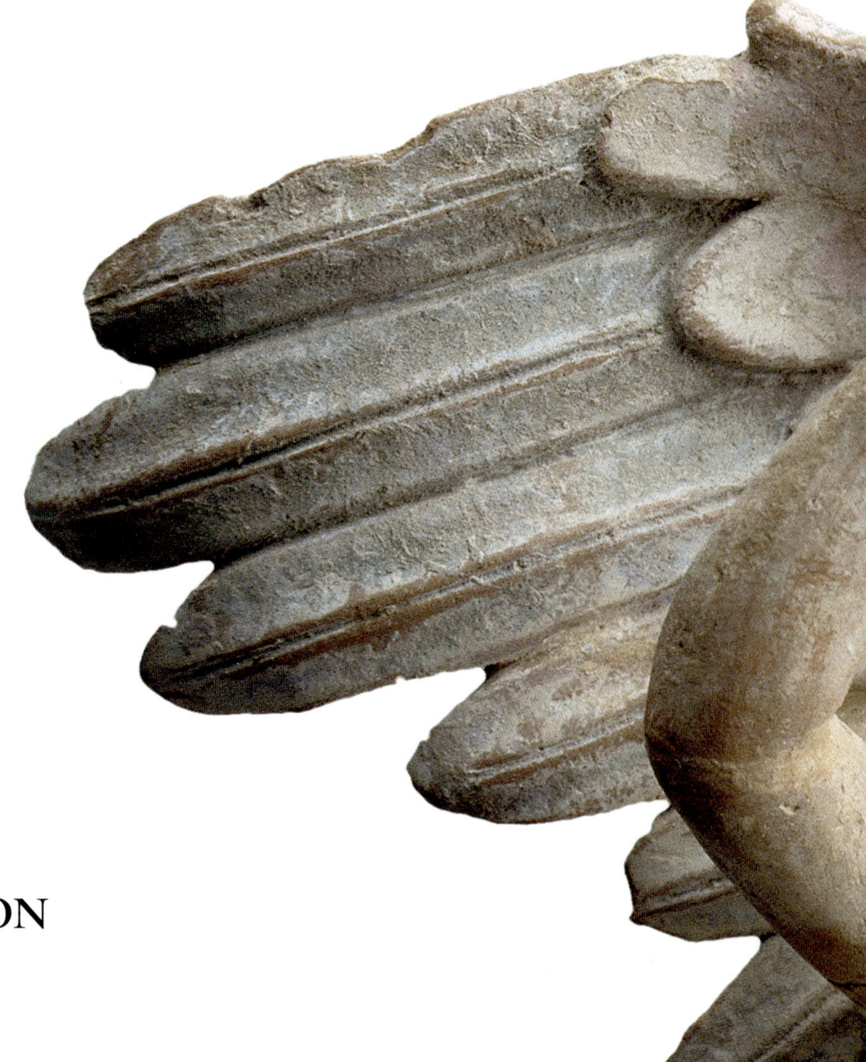

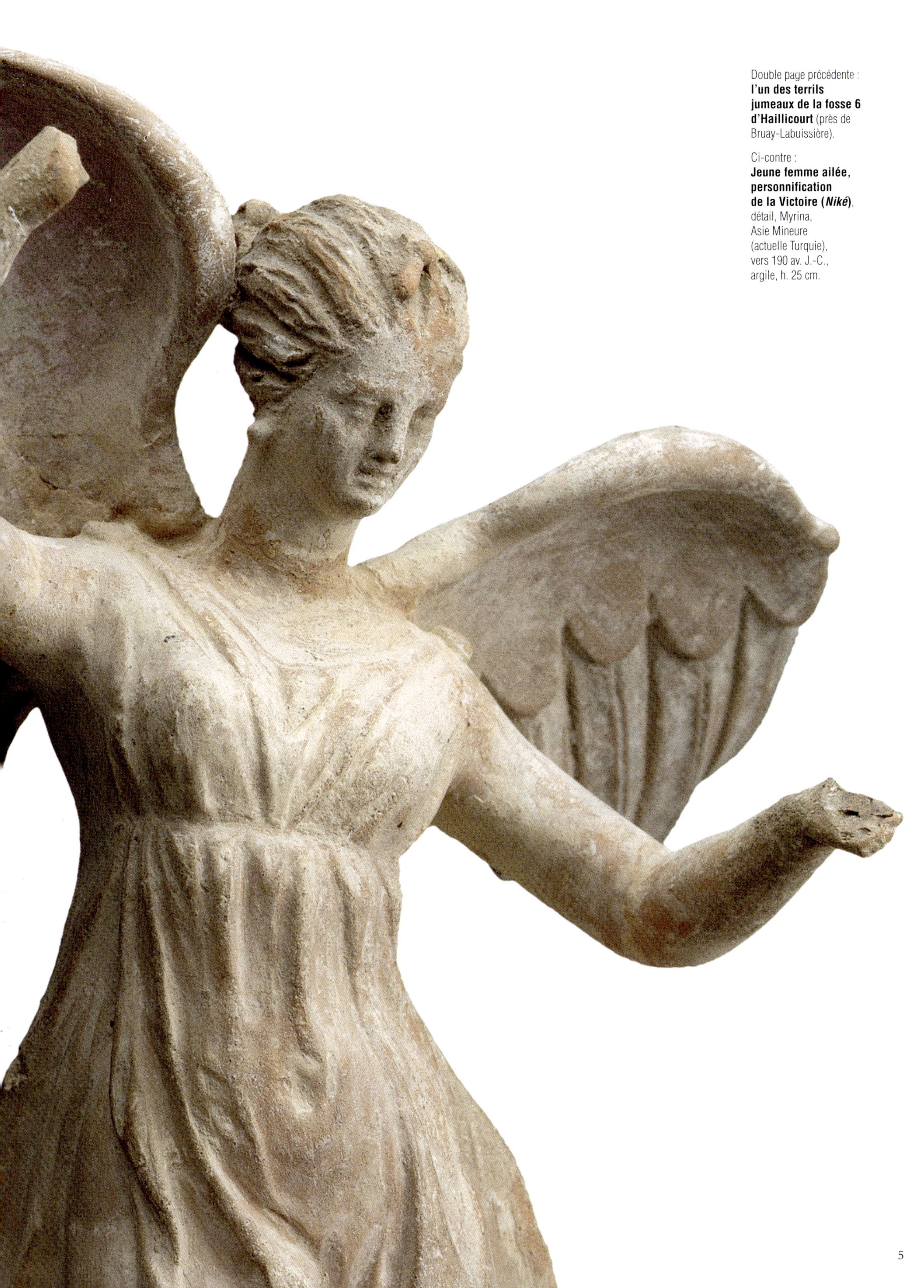

Double page précédente :
l'un des terrils jumeaux de la fosse 6 d'Haillicourt (près de Bruay-Labuissière).

Ci-contre :
Jeune femme ailée, personnification de la Victoire (*Niké*), détail, Myrina, Asie Mineure (actuelle Turquie), vers 190 av. J.-C., argile, h. 25 cm.

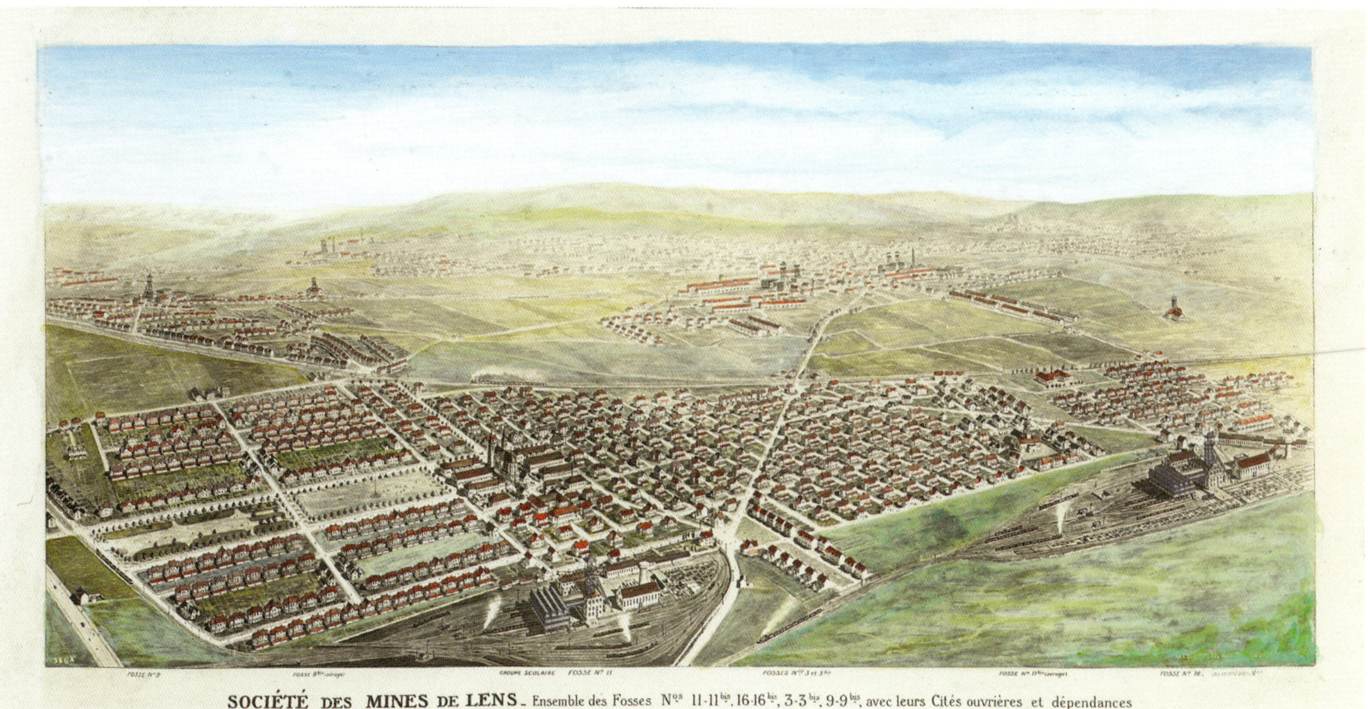

Ci-dessus : **aquarelle de Peltier des fosses 11-11 bis, 16-16 bis, 3-3 bis, 9-9 bis et de leurs cités**, Lewarde, Centre historique minier.

Ci-dessous : **des terrils entre Lens et Béthune**.

MÉMOIRE D'UNE RÉGION

D'abord cantonnée dans le Nord puis étendue au Pas-de-Calais vers 1850, longtemps gérée par des compagnies à capitaux privés qui ont imposé leur loi, l'exploitation du charbon s'est intensifiée grâce à une série de progrès techniques décisifs. Elle a façonné le territoire, les paysages et les villes. Après une difficile reconversion, le bassin minier du Nord-Pas-de-Calais a été inscrit en 2012 sur la liste du patrimoine mondial de l'Unesco. PAR JEAN-FRANÇOIS LASNIER

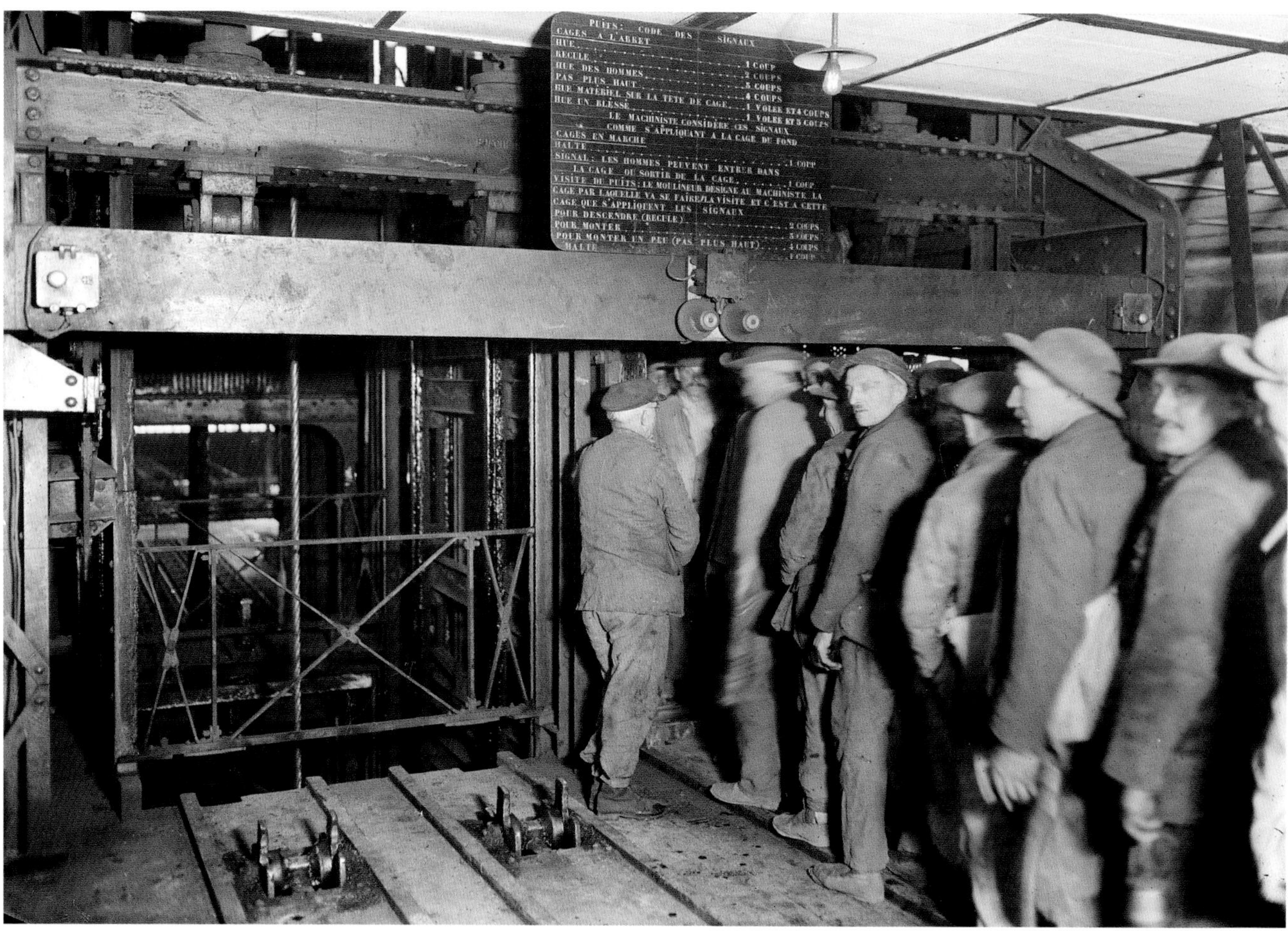

Ci-dessus :
l'entrée de mineurs dans la cage à Lens, 1931-1934, photographie de François Kollar, 13 x 18 cm, Paris, bibliothèque Forney.

Page de droite :
le transport vers le triage à Lens, 1931-1934, photographie de François Kollar, 13 x 18 cm, Paris, bibliothèque Forney.

Au commencement était la houille. La découverte de cette matière première dans le sous-sol du Nord-Pas-de-Calais donne le coup d'envoi à une transformation radicale de la région, à la fois dans son économie, sa physionomie et sa population. Cette histoire fulgurante n'aura duré que deux siècles et demi mais elle laisse dans son sillage un paysage, un patrimoine, une culture dont l'Unesco a reconnu en 2012 la valeur universelle.

Gisement le plus étendu d'Europe après celui de la Ruhr, le bassin minier du Nord-Pas-de-Calais présente la particularité d'être entièrement souterrain, ce qui rend l'exploitation d'autant plus difficile et dépendante de l'innovation technique. Il s'étend sur cent vingt kilomètres de longueur et douze de largeur, et a été exploité jusqu'à une profondeur de mille deux cents mètres.

L'histoire du charbon dans le nord de la France commence à l'orée du XVIIIe siècle. « *Après la perte de Mons et Charleroi suite au traité d'Utrecht en 1713, la France a besoin de charbon pour ses manufactures,* raconte Virginie Debrabant, directrice des archives au Centre historique minier de Lewarde. *Le vicomte Desandrouin, venu des territoires qui constituent aujourd'hui la Belgique, entreprend des prospections de ce côté-ci de la frontière. Il investit beaucoup et effectue une première découverte en 1720. Mais ce charbon est de mauvaise qualité. Enfin, en 1734, il identifie une première veine exploitable, appelée Maugretout.* »

En 1757 est fondée la Compagnie des mines d'Anzin, qui jouera un rôle pionnier dans de nombreux secteurs de la vie minière. On ne conserve aucune installation de ce premier siècle d'exploitation ; en revanche, on sait qu'« *au XVIIIe siècle, les mineurs étaient des ouvriers spécialisés, très bien payés ; leur situation reste privilégiée jusqu'aux années 1820. Mais les deux décennies suivantes voient le développement des compagnies par actions. Le capitalisme financier impose alors ses exigences de rentabilité, ce qui entraîne une pression sur les salaires, sur la sécurité... Cela ouvre une longue période de dégradation de l'outil de travail et de la condition du mineur, qui aboutit à la mine décrite dans* Germinal. »

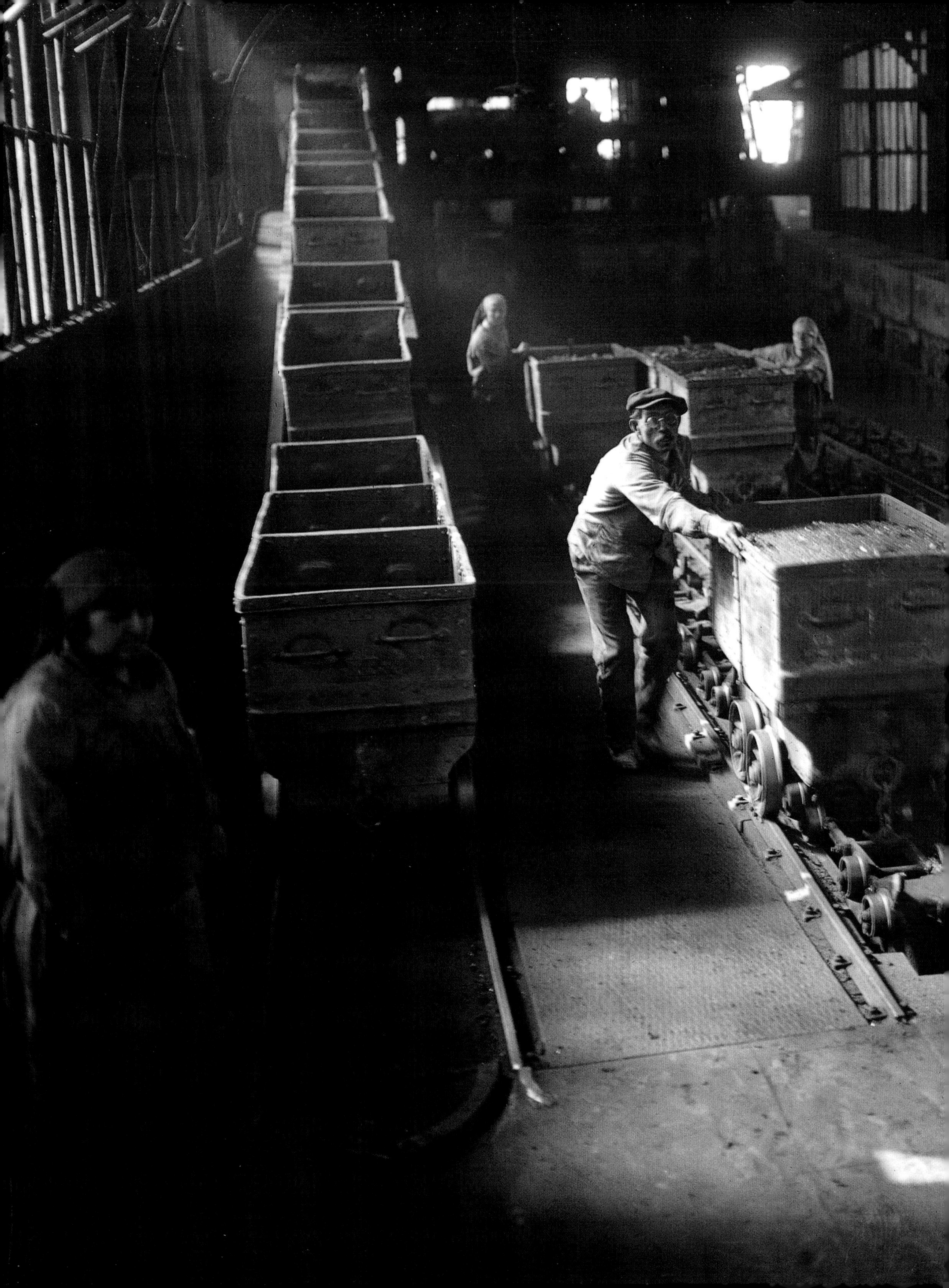

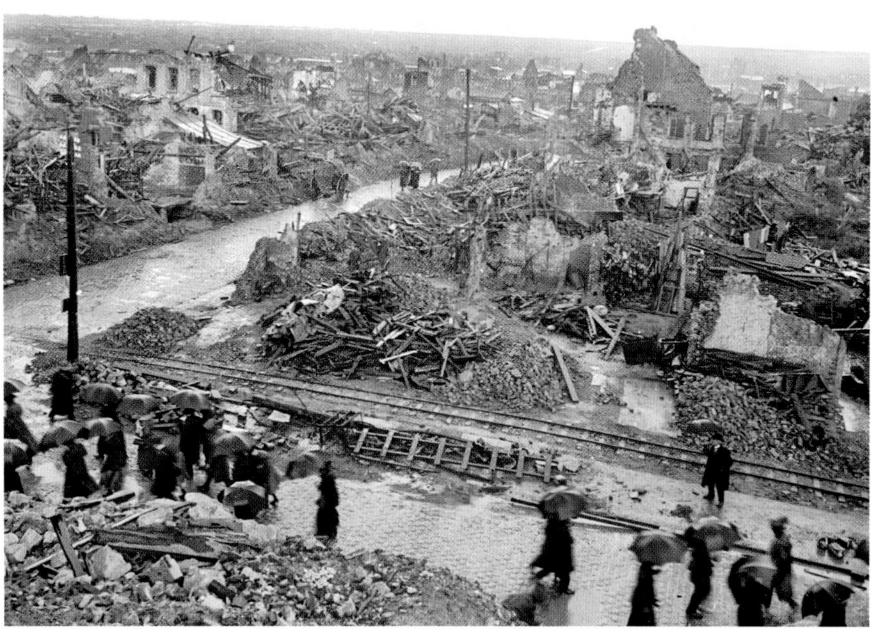

Ci-dessus : **vue des ruines de Lens en 1919**, photographie d'Ernest Roger.

Page de droite, de haut en bas : **la façade principale de la Maison syndicale de Lens**, née après la grande catastrophe de Courrières en 1906.

La façade principale de la faculté des sciences Jean-Perrin à Lens, ancien siège de la Compagnie des mines, conçu par Louis-Marie Cordonnier en 1930 dans un style néo-Renaissance flamande.

Avant cela, la production change d'échelle grâce à une série de progrès techniques décisifs. En 1802 apparaissent les premières machines à vapeur pour l'extraction et le pompage de l'eau (l'exhaure). Pour les abriter sont érigés des bâtiments de plus en plus grands, tout en brique. De cette époque ne restent que de rares vestiges : près de Valenciennes, la fosse la Sentinelle (1824), transformée en église ; à Denain, la fosse Mathilde (1831), convertie en logements ; et, à Fresnes-sur-Escaut, la pompe à feu de la fosse du Sarteau, qui ressemble à une tour fortifiée (voir p. 14).
Progressivement, les machines sont perfectionnées, leur puissance s'accroît et, avec elle, la capacité de production. Les innovations techniques s'accélèrent : en 1822 sont posés les premiers rails de fonte dans les galeries pour la circulation des berlines ; à partir de 1838, la Compagnie d'Anzin met en place un système de voies ferrées pour relier les fosses au rivage de Denain ; en 1849, on importe dans le bassin minier les cages d'extraction, introduites au Pays de Galles en 1833, ce qui oblige à renforcer la discipline pour le respect des horaires par les ouvriers... Parallèlement, le développement de l'aérage permet de descendre toujours plus profondément.

Naissance des terrils

Au milieu du XIXe siècle survient une découverte décisive. Jusqu'alors, l'exploitation était restée cantonnée dans le département du Nord. Mais en 1841, un sondage à Oignies révèle la présence de charbon dans le Pas-de-Calais. Le nouveau bassin est découpé en concessions de taille moyenne, gérées par des compagnies à capitaux privés. L'exploitation commence vers 1850 et, très rapidement, le Pas-de-Calais devient le premier bassin minier français, devant le Nord et la Loire. À mesure que la production s'étend et s'intensifie, l'emprise de la mine sur le territoire se fait de plus en plus visible : les chevalements dominent des installations de plus en plus vastes, constituées d'un certain nombre d'éléments invariables. Surplombant le puits, le chevalement permet de hisser et de descendre les cages d'extraction, véhiculant aussi bien les mineurs que les berlines de charbon (voir p. 16-17). Leur déchargement se fait au niveau de la salle des recettes. En même temps que le charbon sont extraits des minerais sans valeur pour la production d'énergie. Ces roches, comme le schiste ou le grès, sont appelées stériles. Après triage, elles sont déversées à proximité de la fosse, formant des monticules de plus en plus imposants baptisés terrils. À la fin du XIXe siècle, face à l'augmentation des quantités de roches stériles, il devient nécessaire de réduire l'emprise au sol. Naissent alors les terrils coniques, élevés grâce à un système de rampes ou de téléphériques. La fosse comprend aussi des bâtiments destinés au personnel (vestiaires, bureaux) et de vastes zones pour entreposer le bois nécessaire à l'étayage des galeries, le boisage.
Pendant le dernier tiers du XIXe siècle et la première moitié du XXe, une nouvelle vague d'innovations bouleverse les conditions d'exploitation. À partir de 1873, on utilise l'air comprimé pour les travaux au fond ; en 1892, la Compagnie des mines de Marles met en

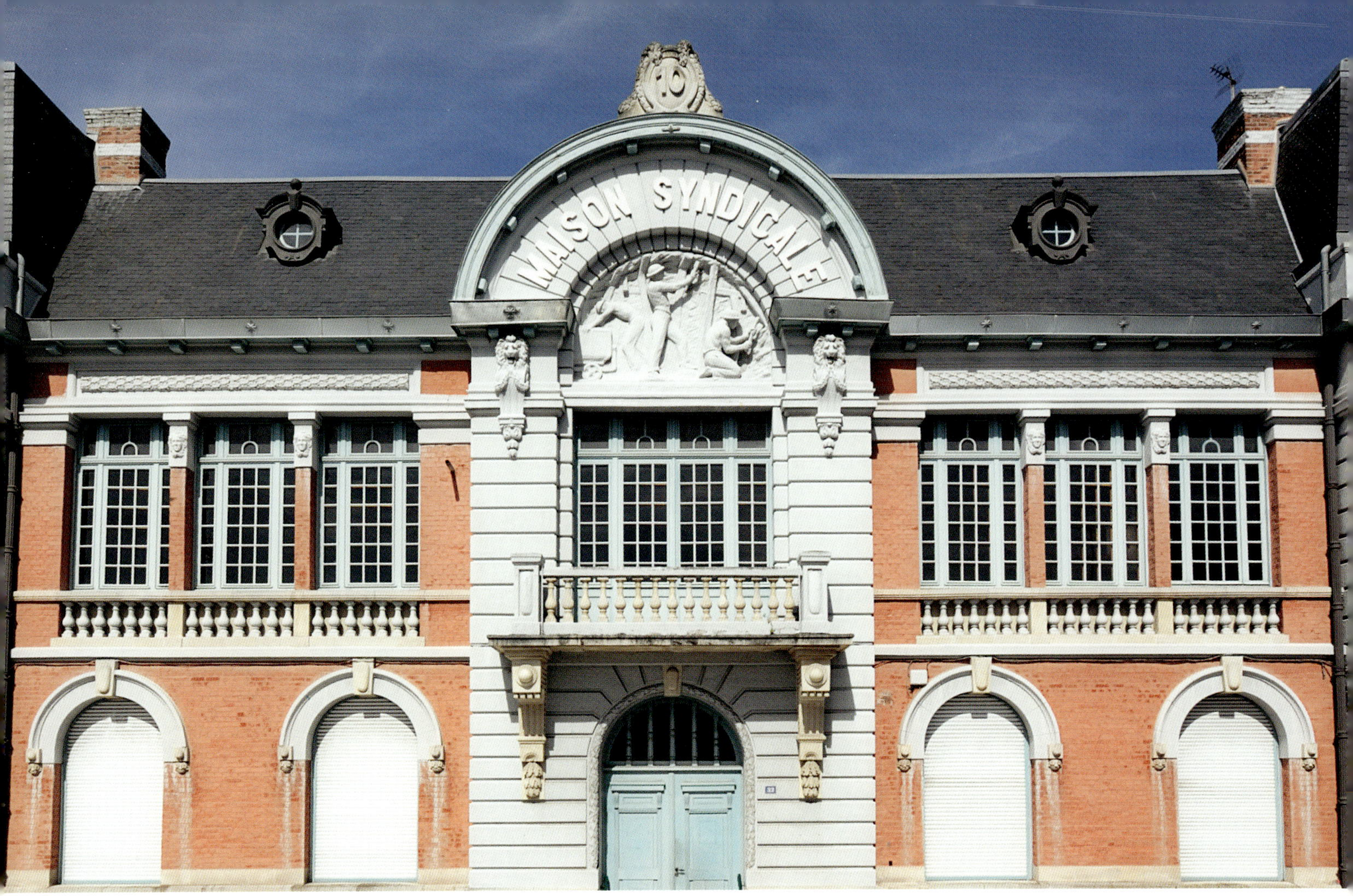

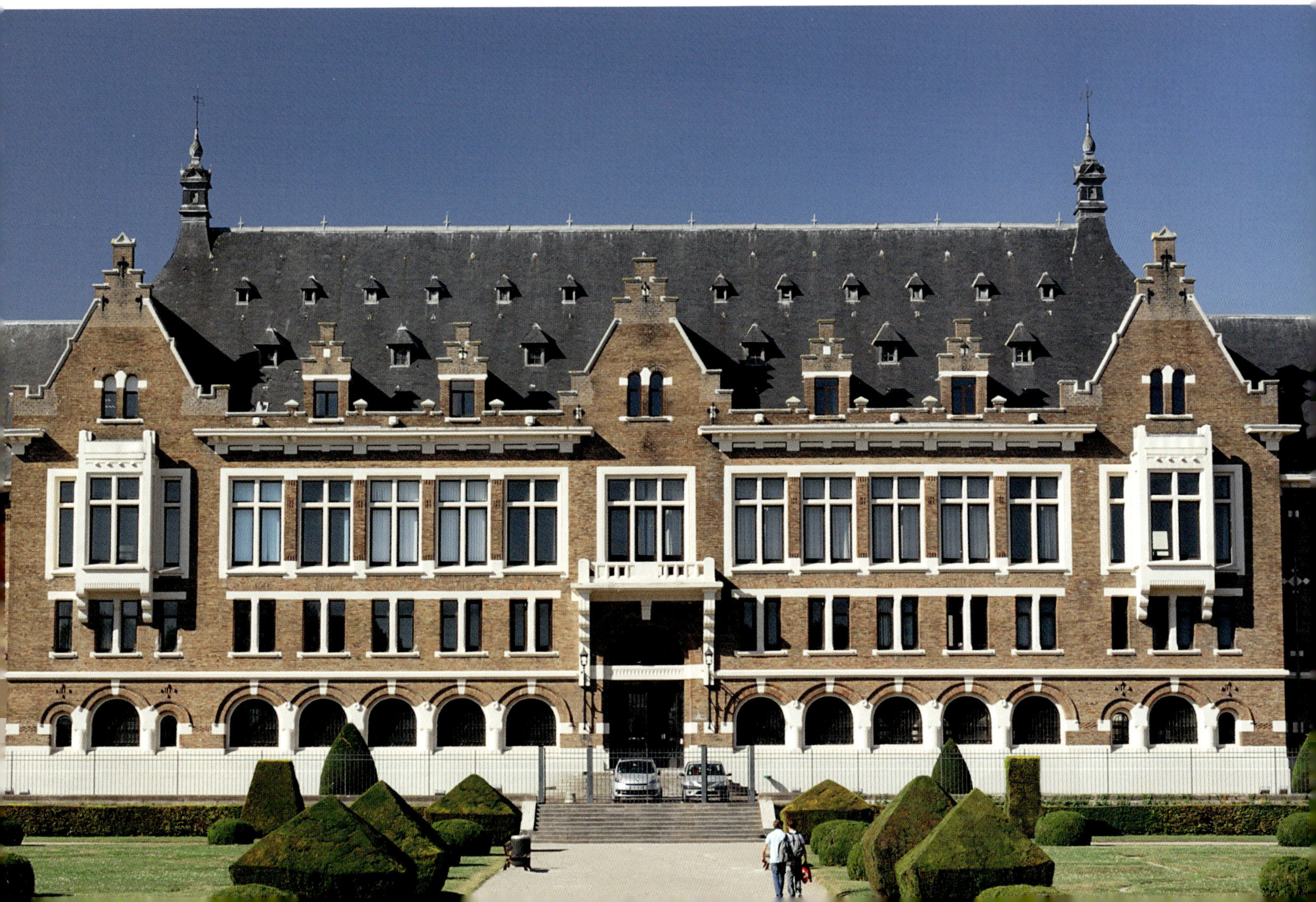

Notre-Dame-de-Lorette

Entre octobre 1914 et octobre 1915, la bataille fait rage pour reprendre la colline de Notre-Dame-de-Lorette aux Allemands. Entre Arras et Béthune, cet éperon de 165 mètres de hauteur dominant l'Artois constitue en effet un point stratégique, et l'armée française paiera chèrement sa reconquête. En mai et juin 1915, une grande offensive est lancée sous les ordres du général Pétain, visant à la fois Notre-Dame-de-Lorette et la crête de Vimy. À l'issue de combats acharnés mais vains, le bilan est lourd : près de dix-sept mille soldats français sont morts et soixante-quatre mille ont été blessés. Pour commémorer cette tragédie, un cimetière national est créé en 1925. C'est le plus grand cimetière militaire français ; il regroupe vingt mille tombes individuelles et vingt-deux mille soldats inconnus répartis en huit ossuaires. La flamme du souvenir brûle dans une tour-lanterne, construite par Louis-Marie Cordonnier, l'architecte des grands bureaux de la Compagnie des mines de Lens. Celui-ci est également l'auteur de la monumentale basilique de style romano-byzantin qui domine le site. J.-F. L.

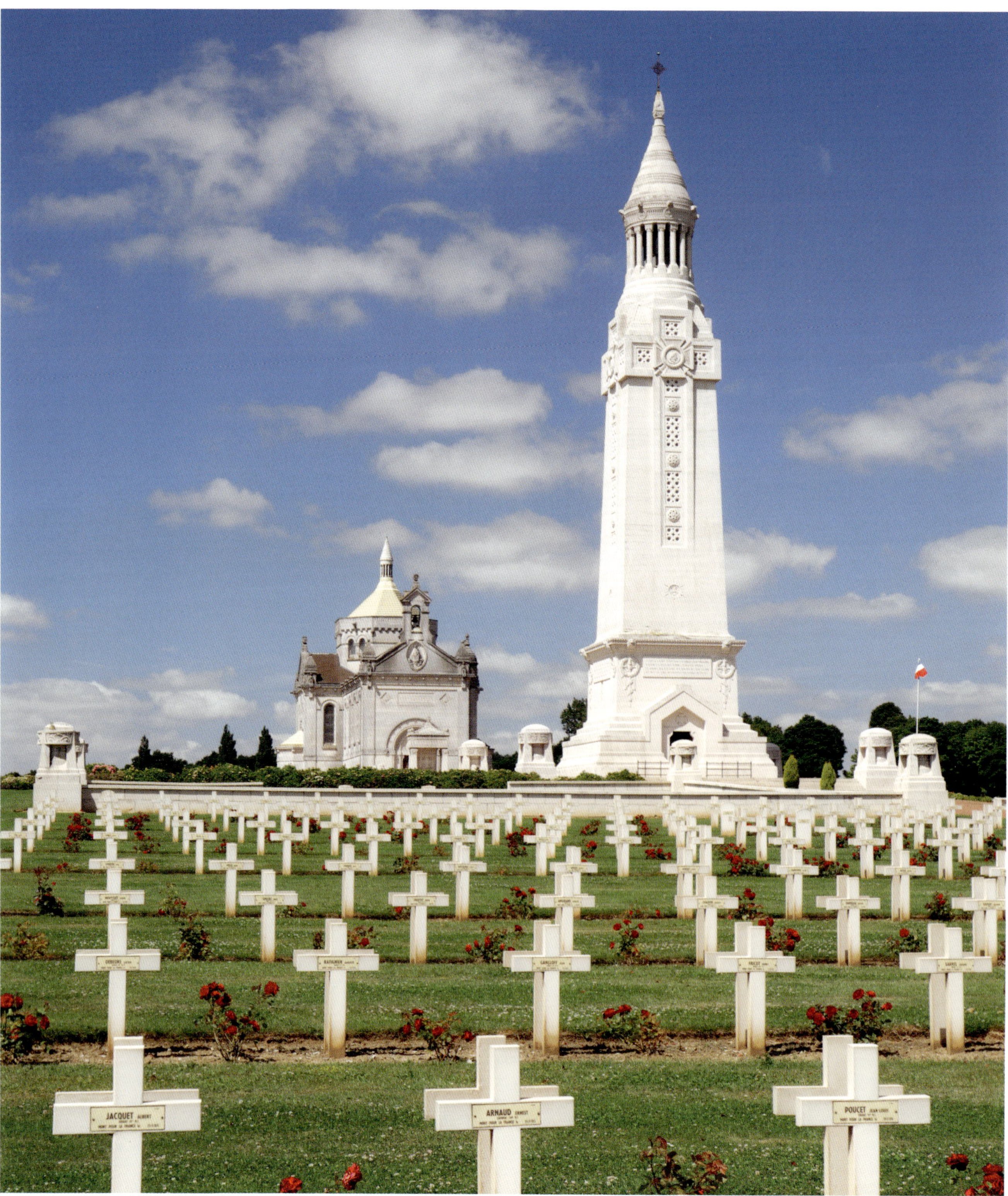

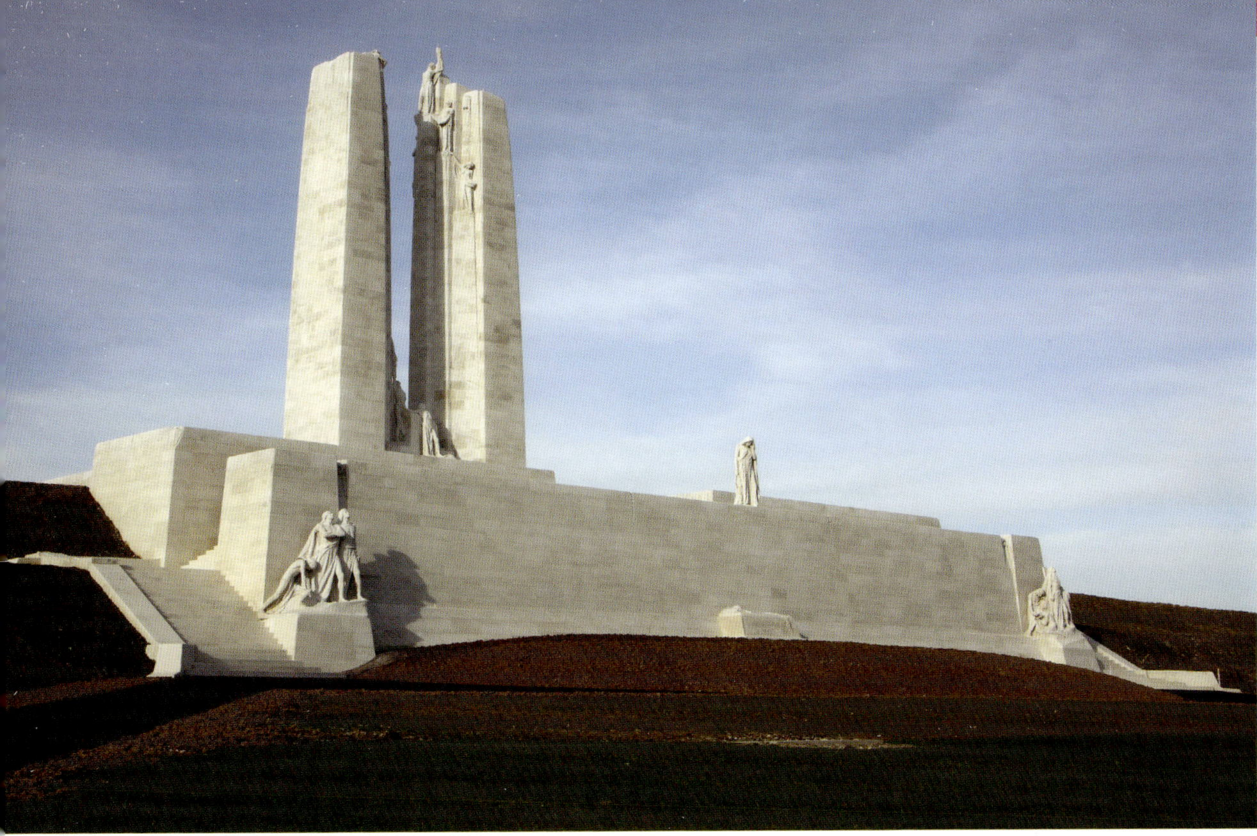

Page de gauche : **le cimetière et mémorial français de Notre-Dame-de-Lorette à Lens**. La tour-lanterne et la basilique ont été construites entre 1921 et 1931 par Louis-Marie Cordonnier.

Page de droite : **le mémorial canadien de Vimy**, construit de 1925 à 1936 par Walter Allward. Vue générale (ci-contre) ; les deux pylônes représentant la France et le Canada (en bas à gauche) ; l'une des sculptures du monument commémoratif (ci-dessous).

Le mémorial canadien

Pendant la Grande Guerre, soixante-six mille soldats canadiens ont perdu la vie sur le sol français. Les quatre divisions venues du Canada se sont particulièrement illustrées dans la bataille du 9 avril 1917, au cours de laquelle a été reconquise la crête de Vimy. La France reconnaissante a cédé une centaine d'hectares autour de ce site au gouvernement canadien afin qu'il y élève un monument commémoratif. La réalisation en a été confiée à un spécialiste du genre, le sculpteur Walter Allward. Comme pour souligner la démesure du sacrifice consenti par ses compatriotes, il a imaginé deux pylônes sculptés de quarante mètres de hauteur, représentant le Canada et la France. La structure en béton armé est habillée d'une pierre calcaire venue d'une carrière yougoslave, dont la blancheur étincelante illumine la plaine. Sur les parois de ce mémorial sont gravés les noms de 11 295 soldats canadiens « *manquant à l'appel et présumés morts* » en France. Après plus de dix ans de travaux, le mémorial a été inauguré en 1936. Il a été restauré entre 2001 et 2007.

J.-F. L.

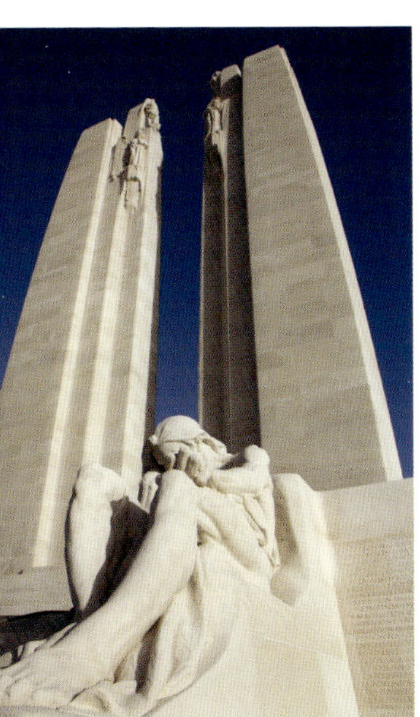

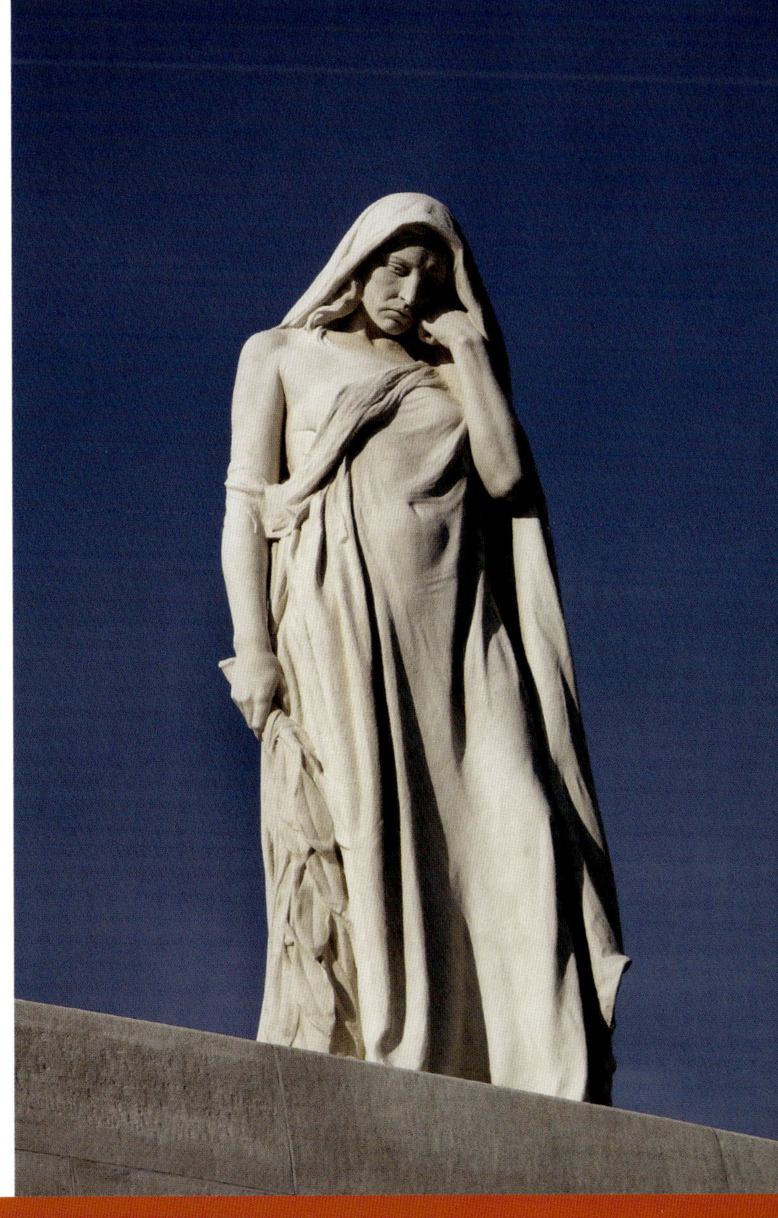

service des locomotives électriques pour tirer les berlines, ce qui nécessite la construction de centrales électriques en surface ; enfin, après 1880, l'emploi de l'acier se généralise pour les charpentes et les chevalements. Les installations s'étendent encore, avec la construction d'un bâtiment dédié au criblage et au triage, puis, plus tard, d'un lavoir.

L'habitat ouvrier

Conséquence de ces transformations, la production explose et réclame toujours plus d'ouvriers. Alors qu'on ne compte que neuf mille mineurs en 1840, ils sont quarante-cinq mille en 1880, puis quatre-vingt-cinq mille en 1900. Pour faire face aux besoins et fixer une main-d'œuvre volatile, les compagnies lancent des programmes de construction. Agissant en toute autonomie sur l'emprise de leur concession, elles édifient de véritables petites villes sous la houlette de leurs propres ingénieurs. C'est la Compagnie d'Anzin qui ouvre la voie dans les années 1810. Dès la décennie suivante, un effort de rationalisation conduit à la création des premiers corons, des logements en bandes s'étendant sur de grandes longueurs. Le coron de l'église de La Sentinelle (1826) témoigne de cette époque primitive. Peu à peu, le modèle se répand dans tout le bassin, et, dans la deuxième moitié du XIXe siècle, les corons gagnent en ampleur, pouvant regrouper jusqu'à quatre-vingts logements sur plus de cent mètres de longueur. Parallèlement, l'architecture et l'ornementation font l'objet d'une attention croissante. Comme pour les bâtiments d'exploitation, l'habitat ouvrier donne lieu à une compétition entre les sociétés minières. À défaut de se traduire dans les salaires, leur richesse et leur puissance s'expriment dans les projets architecturaux.

Si la construction des corons se poursuit jusqu'en 1890, de nouveaux modèles urbains s'imposent aux

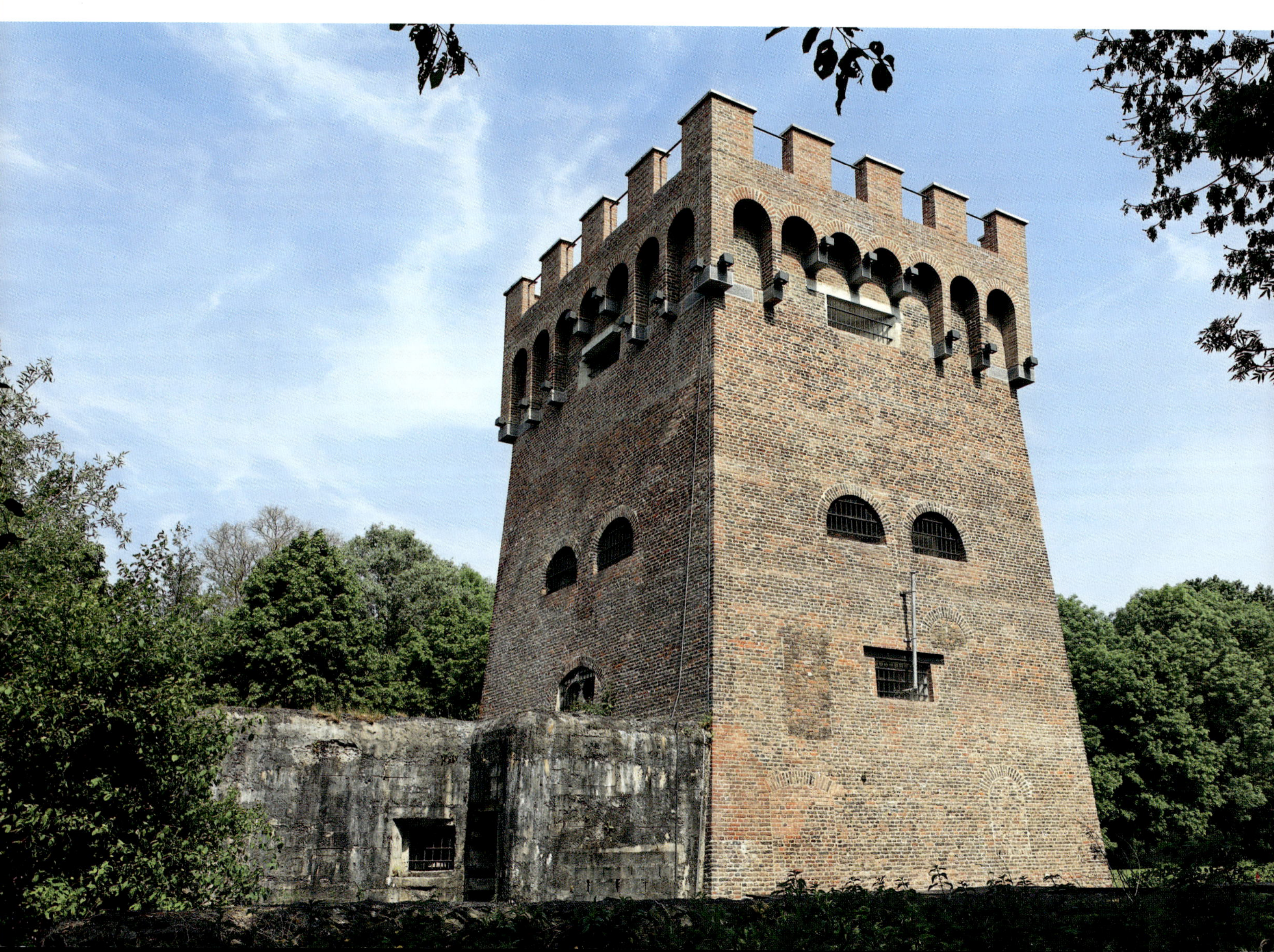

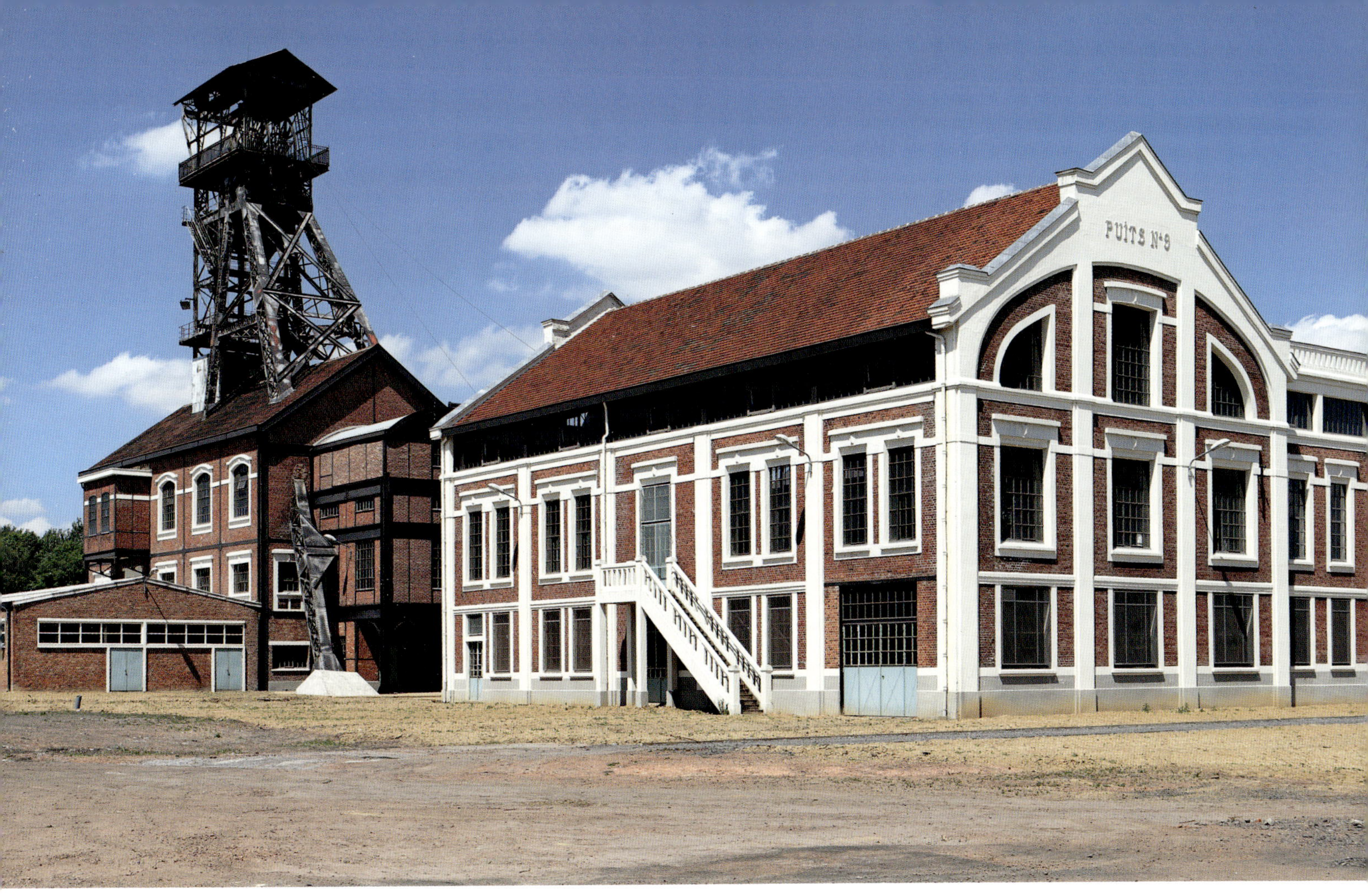

compagnies, soucieuses de favoriser une forme d'individualisme chez leurs ouvriers, et ainsi de prévenir le développement de mouvements revendicatifs. Dès lors apparaissent, dans le voisinage des fosses, des cités pavillonnaires où les maisons sont groupées par deux ou quatre et complétées par un jardin familial. Toutefois, la rationalité reste de mise, comme l'exprime la stricte orthogonalité des plans et la répétition d'un même modèle dans chaque cité. À ceci près que la hiérarchie sociale au sein de l'entreprise trouve son équivalent dans l'aménagement urbain et la qualité des constructions. Aux ingénieurs les belles demeures bourgeoises, aux ouvriers les petites maisons mitoyennes.

Dès la fin du XIXe siècle, à mesure que se pérennise la production charbonnière et que s'étoffe la population, les compagnies, à la suite de celles de Lens et de Béthune, font construire les équipements collectifs indispensables à la vie de la cité : églises, écoles, dispensaires, salles des fêtes… Les cités minières deviennent de véritables villes, mais sont coupées du tissu urbain existant. À l'intérieur règne la loi de la compagnie. Logement, travail, enseignement, loisirs, tout est mis en œuvre pour assurer l'encadrement des mineurs, « du berceau à la tombe ». Même les prêtres sont payés par les compagnies.

Les avantages offerts aux mineurs ne doivent pas masquer la violence des rapports de classe. Sur les fosses, les conflits sociaux sont permanents, alimentés par la pénibilité des conditions de travail et par les revendications salariales. Comme le mettait en scène Zola dans *Germinal* (1885), la mine a été l'un des théâtres privilégiés de la lutte du Travail contre le Capital, « *l'idole monstrueuse, cachée au fond de son tabernacle, dans cet inconnu lointain où les misérables la nourrissaient de leur chair, sans l'avoir jamais vue* ».

L'aménagement paysager

Au prix de sacrifices considérables, récompensés par des avancées très mesurées, ce combat finit par porter ses fruits au début du XXe siècle. « *À la Belle Époque, la mine est un véritable laboratoire social,* explique Virginie Debrabant. *On y expérimente toute la législation sociale qui va être élargie par la suite aux autres classes : assurance maladie, représentation du personnel, etc.* » Le bassin minier devient aussi un laboratoire urbain, inspiré par les conceptions anglaises de la cité-jardin : dans le sillage de la cité Bruno (1904) à Dourges, une nouvelle approche se développe, faisant la part belle à une architecture pittoresque et à l'aménagement paysager. Des maisons aux styles variés, entourées de grands jardins, s'égrènent le long de voies courbes. D'authentiques architectes remplacent les ingénieurs des compagnies et rompent avec

Page de gauche : **la fosse du Sarteau à Fresnes-sur-Escaut**, le puits de maçonnerie n° 2 (nord).

Ci-dessus : **les fosses n° 9 et 9 bis des mines de Dourges à Oignies**, chevalement, recette et bâtiment de la machine d'extraction du puits n° 9.

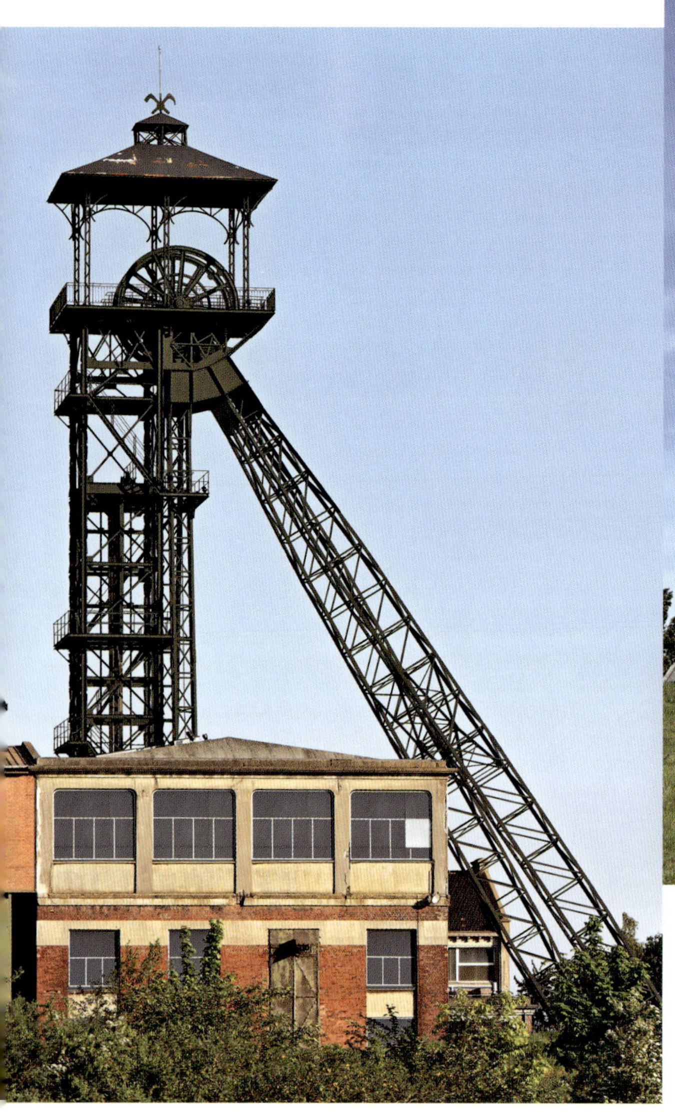

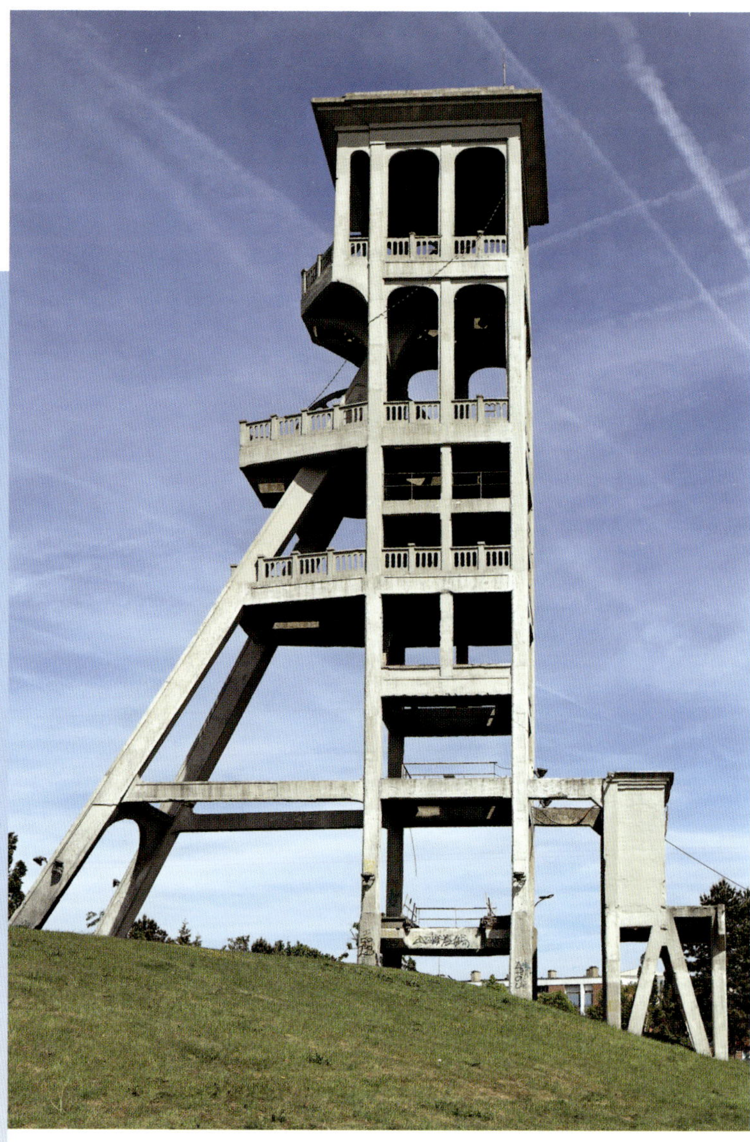

Ci-dessus,
de gauche à droite :
la fosse Pierre-Destombes à Loos-en-Gohelle, chevalement et recette du puits n° 11.

La fosse Dutemple à Valenciennes, chevalement en béton du puits n° 2.

Page de droite :
la fosse Delloye à Lewarde, chevalement du puits n° 1.

l'urbanisme rationalisé du XIXe siècle. La construction des églises et des hôtels de ville leur échoit également, ce qui favorise l'éclosion d'édifices de qualité. En dépit de ces progrès, la catastrophe de Courrières en 1906 jette son ombre sur cette période : mille quatre-vingt-dix-neuf mineurs y perdent la vie.

La reconstruction

En 1914, le bassin du Nord-Pas-de-Calais emploie cent trente mille mineurs et réalise 67 % de la production nationale, avant que la première guerre mondiale ne vienne briser cet élan. La ligne de front coupe le bassin en deux, chacun des belligérants exploitant à son profit les fosses situées dans sa zone d'influence. Alors que la fin du conflit se profile, l'armée allemande, dans sa retraite, détruit systématiquement les installations minières : cent trois fosses, comprenant deux cent deux puits, sont ainsi rayées de la carte. Trois mille kilomètres de galeries sont noyés ou effondrés, seize mille logements détruits. Malgré l'ampleur des dommages, le bassin minier est partiellement reconstruit et rénové en 1925. Dans les bâtiments publics, le régionalisme le dispute à l'Art Déco, parfois sur le même site : pour les bureaux de la Compagnie des mines de Lens, le style néo-flamand des façades masque un décor intérieur marqué par la géométrie Art Déco. Aujourd'hui, cet édifice abrite l'université Jean-Perrin.

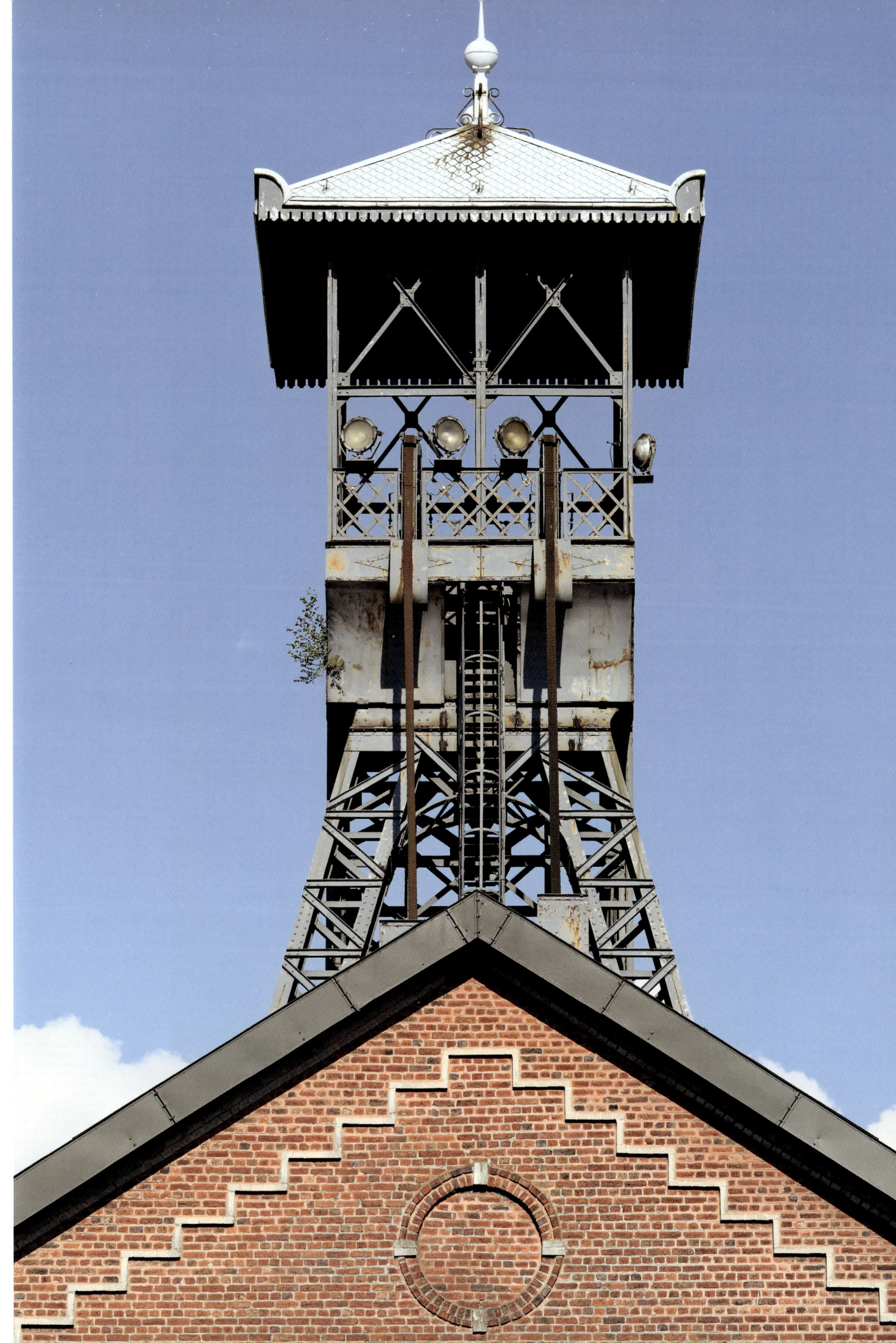

Le Centre historique minier de Lewarde

Dès les années 1970, les Houillères du Nord-Pas-de-Calais envisagent de transformer la fosse Delloye en lieu de mémoire de la culture minière. Un fonds considérable d'archives et d'objets liés à la vie minière est progressivement constitué, prélude à l'ouverture du Centre historique minier en 1984. Agrandi et réaménagé en 2002, il accueille aujourd'hui près de cent cinquante mille visiteurs par an. Il comprend trois structures : le musée de la Mine, les archives et le Centre de culture scientifique de l'énergie. La visite du musée permet de suivre le parcours quotidien du mineur, depuis le vestiaire et la lampisterie jusqu'aux tailles en sous-sol. Du triage à la salle des machines, l'essentiel des installations a été conservé sur cette fosse exploitée entre 1931 et 1971. En complément de la visite, un parcours muséographique évoque la géologie, l'histoire de l'extraction minière et les différents aspects de la vie du mineur. Les expositions temporaires permettent d'approfondir cet aperçu grâce aux richesses du fonds, augmenté par des donations régulières, parfois considérables. J.-F. L.

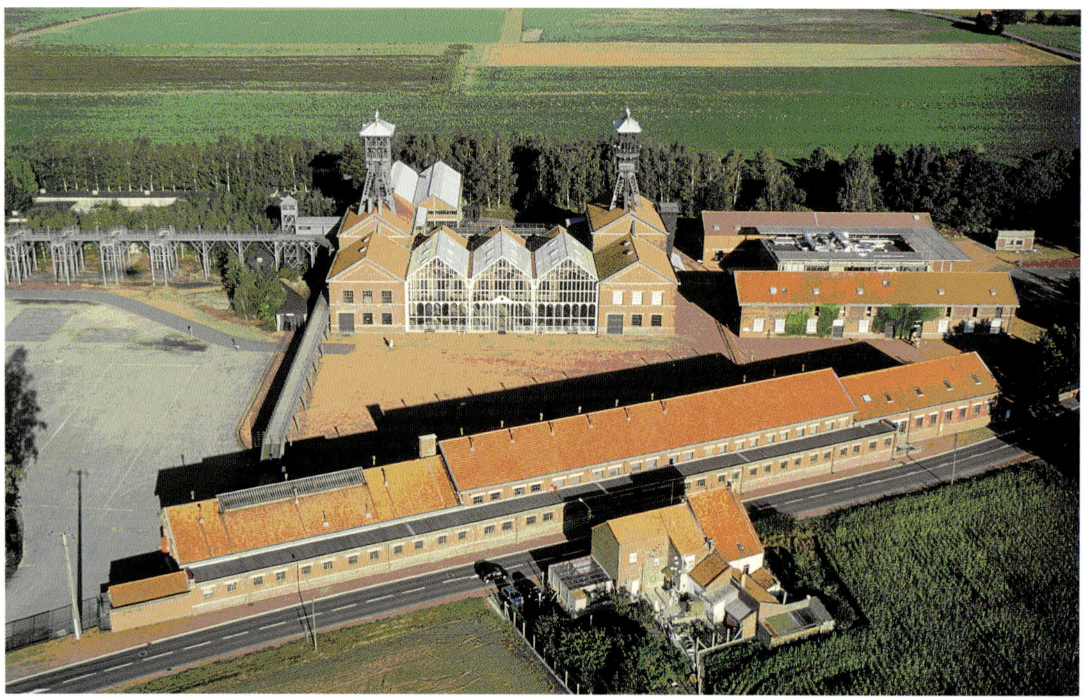

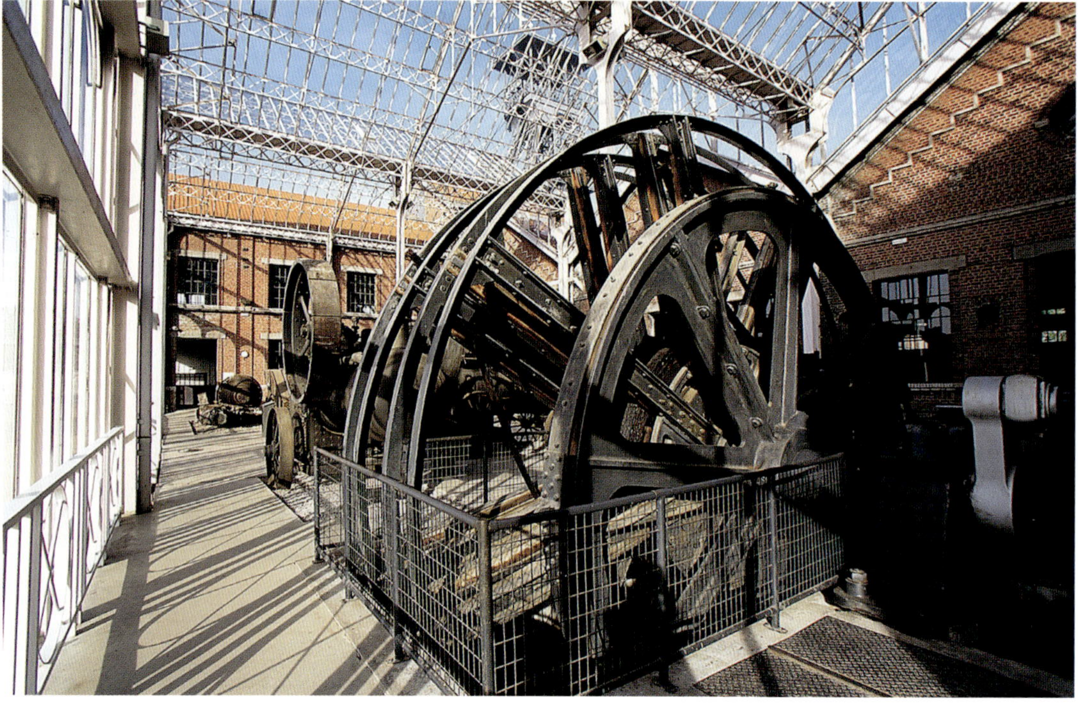

En haut :
vue aérienne du Centre historique minier de Lewarde.

En bas :
la verrière de la salle des machines.

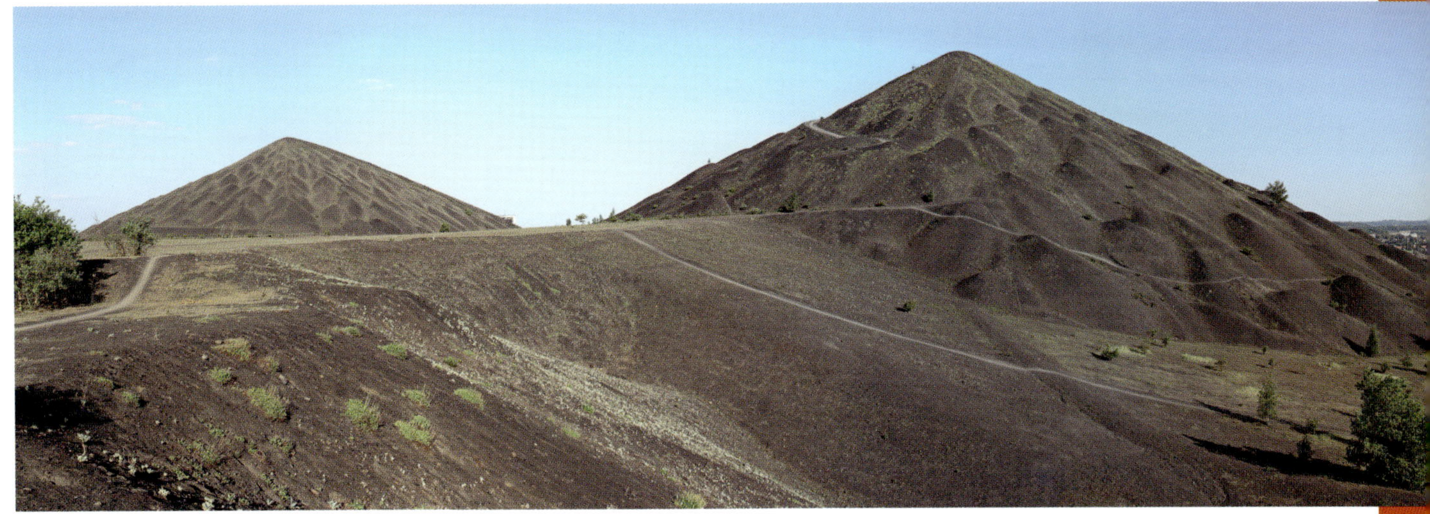

Les fosses 11 et 19 de Loos-en-Gohelle

Exploitées de 1894 à 1986, les fosses de Loos-en-Gohelle racontent l'évolution de l'exploitation sur près d'un siècle. Rasée pendant la Grande Guerre, la fosse n° 11 constitue un bon témoin de la reconstruction dans les années 1920, au cours desquelles sont mis au point des équipements standardisés. Cet ensemble est à peu près complet, comme la fosse n° 19, bâtie dans les années 1950. Le béton remplace alors le métal, mais ce n'est pas la seule nouveauté. En effet, un mouvement de concentration suit la nationalisation : la fosse n° 19, qui entre en activité en 1960, témoigne de cette évolution. L'architecture, d'un strict fonctionnalisme, traduit cet effort de rationalisation : toutes les machines sont regroupées dans une tour d'extraction, un système sans équivalent dans le bassin minier. La production atteint huit mille tonnes par jour en 1963. Cet accroissement considérable entraîne la formation de deux terrils colossaux de 140 mètres, les plus hauts d'Europe. Les fosses 11 et 19 ont été classées monuments historiques en 1992. J.-F. L.

Ci-dessus :
les terrils des fosses n° 11 et 19 à Loos-en-Gohelle.

Ci-contre :
la salle des Pendus, au musée de Lewarde.

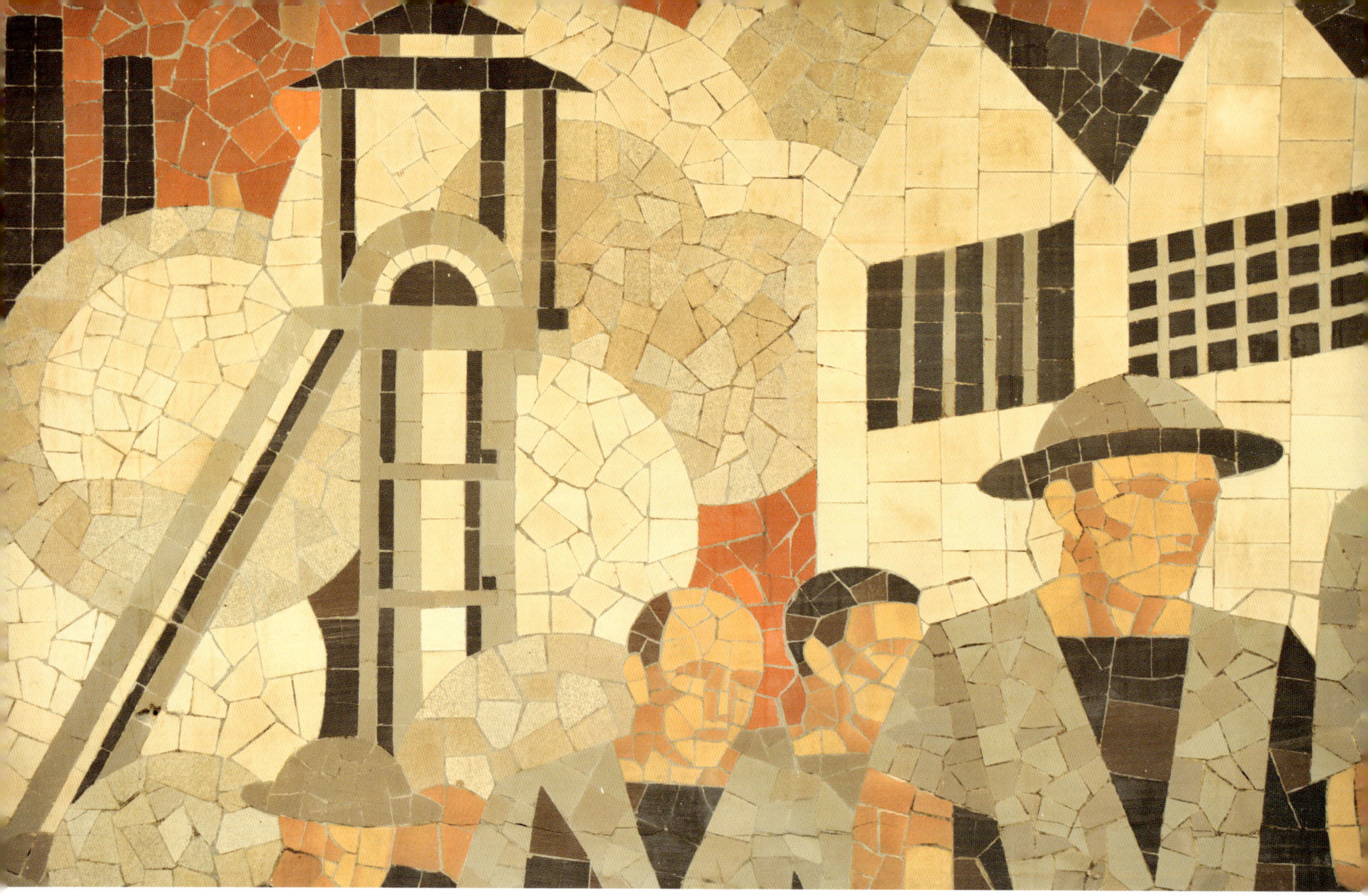

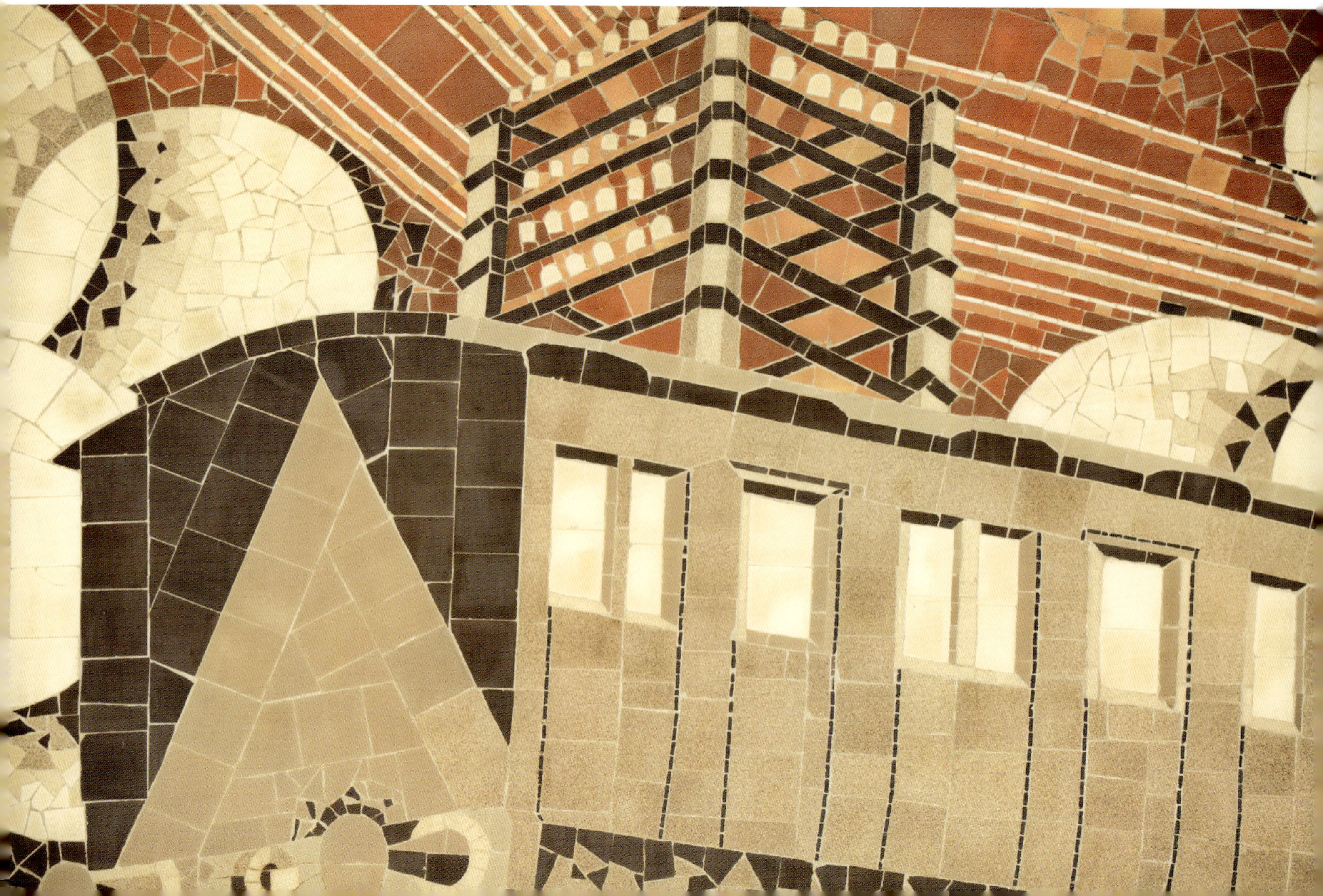

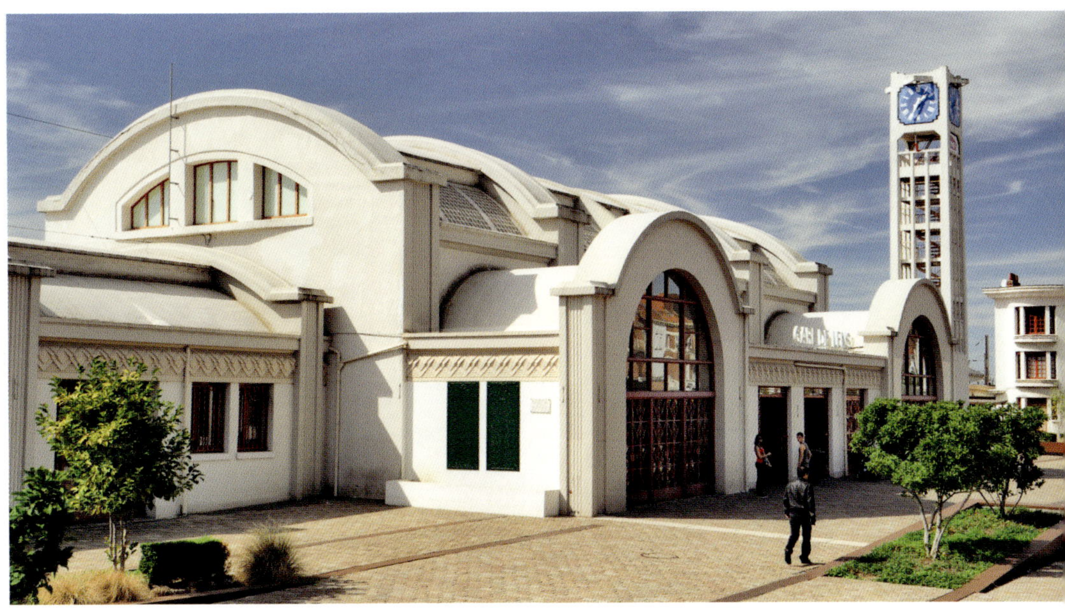

À Lens toujours, on peut aussi admirer, dans un genre plus résolument moderniste, la gare construite par l'architecte Urbain Cassan en 1926-1927. Une voûte en pavés de verre éclaire le grand hall, orné de frises de mosaïque évoquant les activités industrielles et minières de la région.

La seconde guerre mondiale vient porter un nouveau coup à la région et prélude à des bouleversements majeurs. Après la Libération commence la bataille du charbon. Pour reconstruire la France et relever l'industrie, une augmentation de la production de charbon est indispensable. Plusieurs transformations économiques, techniques et architecturales accompagnent cet effort sans précédent. En 1946, les compagnies minières sont nationalisées et la gestion du bassin est confiée à une société publique, les Houillères du Nord-Pas-de-Calais. L'année suivante, le bassin du Nord-Pas-de-Calais connaît son apogée : deux cent vingt mille mineurs y sont employés et la production atteint les trois mille tonnes par jour, grâce à une mécanisation accrue. L'irruption de terrils géants n'est que la conséquence la plus visible de cette exploitation intensive. Sur le plan social, la bataille du charbon suscite de vives tensions. Si le statut du mineur adopté en 1946 lui confère un certain nombre d'avantages, comme le logement gratuit, les revendications salariales débouchent sur un conflit très dur en 1948, auquel les autorités répondent, une fois de plus, par une répression brutale.

Pour faire face à la demande, un programme de modernisation colossal est entrepris. Celui-ci passe par une concentration des fosses, qui donne naissance à des sites gigantesques comme celui de Loos-en-Gohelle (lire p. 19). Cet effort de rationalisation s'exprime également dans l'architecture, marquée par la généralisation du béton et un fonctionnalisme sévère. Du côté des logements, la préfabrication selon le procédé Camus impose une même rigueur constructive.

Mais cette période de croissance ne dure pas. Dès 1959 en effet, le plan Jeanneney programme à moyen terme la fermeture des mines. Et le 21 décembre 1990, la dernière berline de charbon est remontée sur la fosse d'Oignies, là où la première veine du Pas-de-Calais avait été découverte un siècle et demi plus tôt.

La reconversion du bassin minier

Avant même cette mort annoncée, une conscience patrimoniale se dessine grâce à une conjonction d'initiatives, aussi bien institutionnelles qu'associatives. Au cours du processus de concentration, beaucoup de fosses sont détruites ou vendues pour être reconverties. Il n'en reste pas moins un patrimoine considérable : installations liées à la production, terrils, voies de circulation, notamment ferroviaires, cités minières... « *La mine était partout,* rappelle Catherine Bertram, directrice d'études à la mission Bassin minier. *À côté des principaux sites, il existe*

Page de gauche : **mosaïque rendant hommage au travail des mineurs et à l'industrie**, élaborée par Auguste Labouret à l'intérieur de la gare de Lens, détails.

Ci-dessus : **la gare de Lens**, construite en 1926 par Urbain Cassan, élève de Le Corbusier.

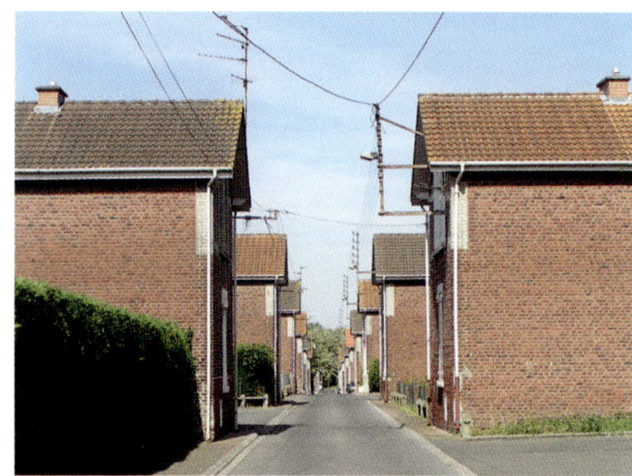

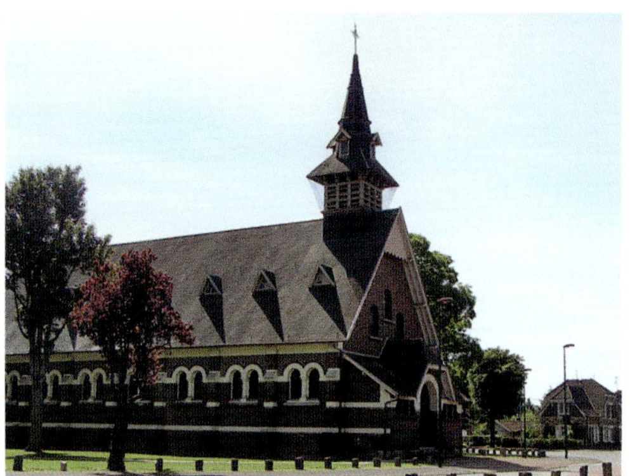

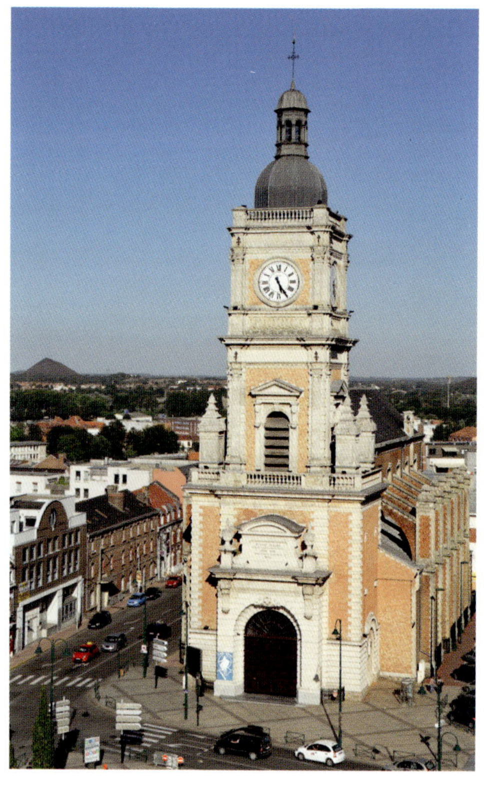

Ci-dessus, de haut en bas et de gauche à droite : **la cité minière Jeanne-d'Arc à Lens**.

L'église Saint-Théodore de la fosse n° 9 à Lens, construite en 1910 par Jean-Baptiste Cordonnier, reconstruite par son fils, Louis-Marie, après la première guerre mondiale.

L'église Saint-Léger de Lens.

Page de droite : **les terrils jumeaux de la fosse n° 6 d'Haillicourt** surplombent la plaine agricole et les cités minières.

un vrai paysage culturel. Mais la patrimonialisation n'a pas été homogène. L'acte de donner un sens et une valeur à un objet qui perd son usage, ça ne se décrète pas. La mobilisation des habitants a été éparse mais réelle dans un contexte très tendu : de nombreux acteurs entendaient faire du passé table rase pour reconstruire la ville, l'économie, le paysage. Il a fallu que les habitants se mobilisent pour sauver le patrimoine, au point d'arrêter parfois les bulldozers à l'entrée des sites. Le rôle des sociétés d'histoire locale a été également important : aux fosses 9/9 bis d'Oignies, une association de mineurs a entretenu le site après 1990. » Les Houillères, à leur façon, avaient montré la voie. Dès les années 1970, sous l'impulsion de leur secrétaire général Alexis Destruys, elles décident de préserver la fosse Delloye à Lewarde pour en faire le Centre historique minier (CHM). Cette initiative reçoit un franc soutien des mineurs et de leurs organisations syndicales. Mais on ne peut pas faire des musées partout...

Les années 1990 marquent une étape importante : en 1992, la Charte des terrils fait reconnaître leur valeur écologique puis, de 1994 à 1998, les chevalements restants sont repeints et sécurisés. Au-delà de ces réalisations ciblées, le projet d'inscrire le bassin minier au Patrimoine mondial de l'humanité va offrir un cadre de réflexion global sur la politique de reconversion.

De ce processus, lancé en 2003, émergent quatre grands sites de la mémoire presque complets, autour desquels s'agrègent près de trois cent cinquante éléments remarquables : les fosses 9 et 9 bis à Oignies et 11 et 19 à Loos-en-Gohelle, le site minier d'Arenberg et la fosse Delloye. La renaissance s'y articule autour d'un projet culturel, d'un travail d'interprétation pour raconter l'histoire du site et, enfin, de programmes tertiaires, notamment logistiques.

En 2012, l'inscription au Patrimoine mondial du bassin minier du Nord-Pas-de-Calais, au titre des paysages culturels évolutifs, vient récompenser un travail considérable d'inventaire, de mise en valeur et de restauration. Elle distingue surtout un patrimoine exceptionnel, à travers lequel se perpétue la mémoire d'une histoire épique, dans laquelle la violence de la rationalité économique a imposé aux hommes et à la nature un lourd tribut.

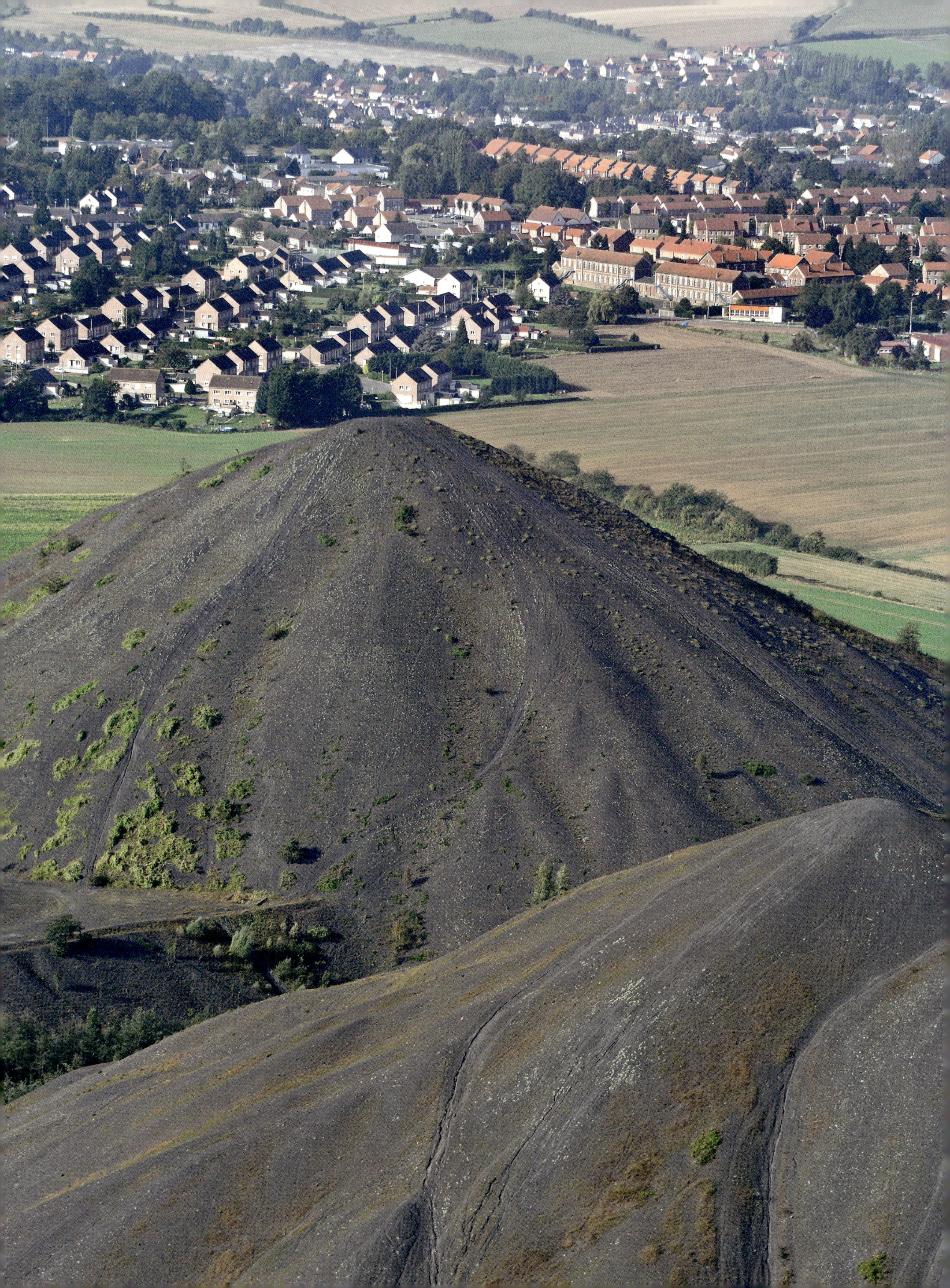

Les musées du Nord-Pas-de-Calais

Le Nord-Pas-de-Calais n'a pas attendu le Louvre-Lens pour s'affirmer comme une terre d'art et de culture. En effet, c'est sans doute la région qui affiche la plus forte concentration de musées, après l'Île-de-France. Pour Philippe Gayot, président de l'Association des conservateurs des musées du Nord-Pas-de-Calais, il n'y a là rien de surprenant : « *Pendant un siècle et demi, la région a réalisé entre 15 et 20 % de la production nationale ; grâce à cette richesse, on a eu les moyens de créer des établissements, et pas seulement des musées mais aussi des théâtres, des opéras… Il y avait également des industriels soucieux de faire retomber les produits de l'exploitation sur la population, dans la tradition d'un certain paternalisme.* » Cette conjoncture économique favorable est venue se greffer sur un patrimoine historique exceptionnel, celui des Pays-Bas du Sud. Dans les décennies récentes, rappelle Philippe Gayot, « *les élus ont parié sur le développement de nos musées, du palais des Beaux-Arts de Lille à celui du Cateau-Cambrésis ou au musée de Flandre. Il faut également souligner la réussite de La Piscine, où la ville de Roubaix a misé sur la culture pour surmonter la catastrophe provoquée par la disparition de l'industrie textile.* » Tous ces musées, les anciens comme les plus récents, se sont réunis en 1975 au sein d'un réseau dans l'idée de mieux accomplir leur mission. Cette collaboration, permettant de mutualiser des moyens au profit des petites structures, a pris la forme d'opérations de médiation, de communication ou encore d'aide à la numérisation des collections. La plus visible reste la série d'expositions thématiques, comme récemment « Dessiner/tracer », dans une vingtaine de musées. Forte de cette expérience, l'association attend avec sérénité l'ouverture du Louvre-Lens, d'autant que « *la première exposition, consacrée au Temps, fait appel à des œuvres des musées locaux,* souligne Philippe Gayot, *ce qui représente une formidable valorisation de nos collections* ». J.-F. L

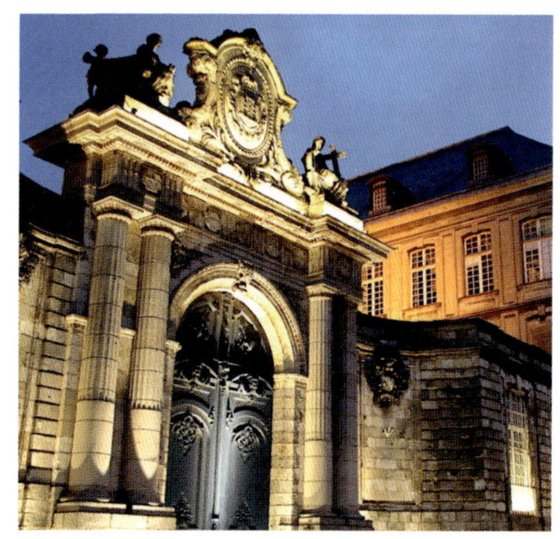

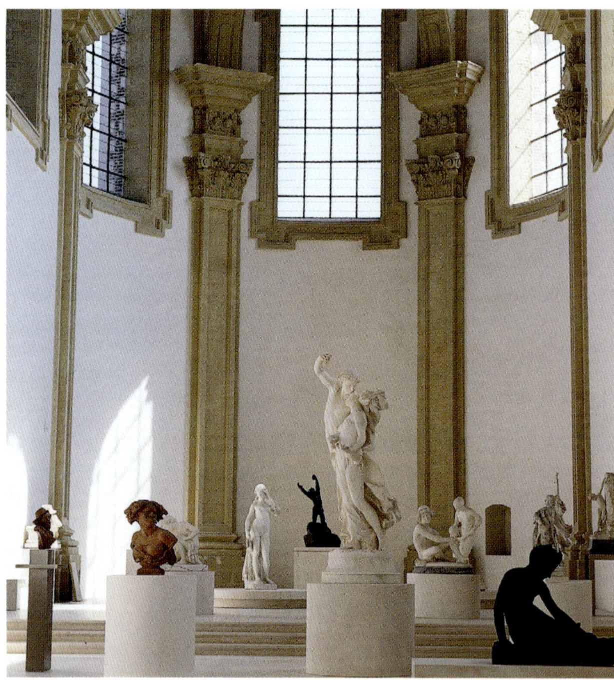

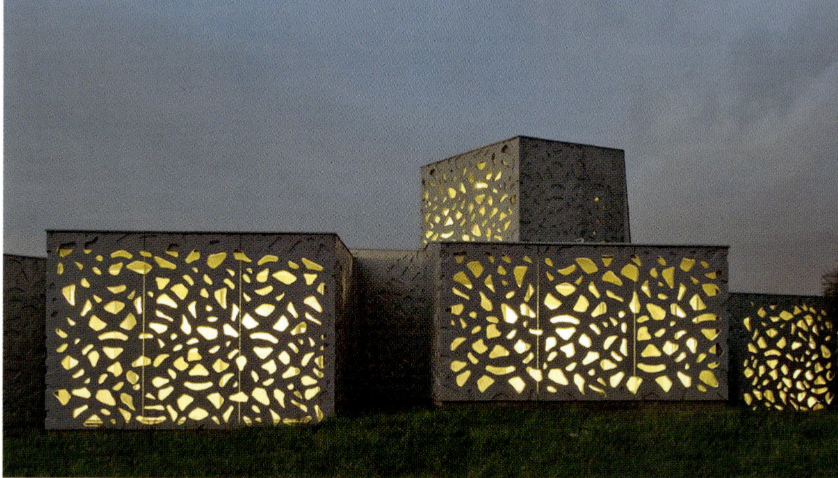

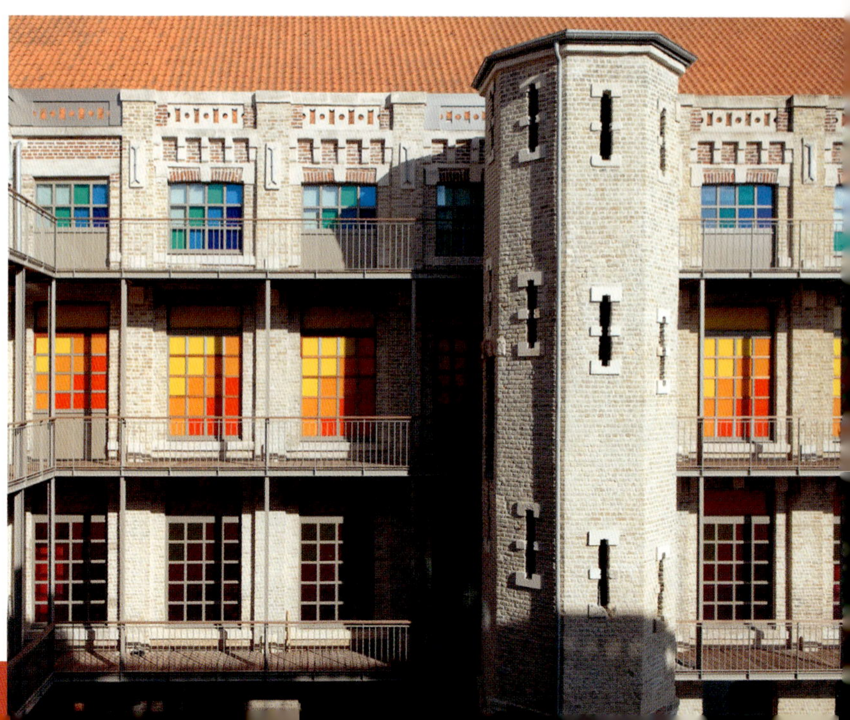

Ci-dessus, de haut en bas et de gauche à droite : **le musée des Beaux-Arts d'Arras**, anciennement l'abbaye Saint-Vaast.

Le musée de la Chartreuse à Douai, vue de la salle 15 (sculpture française).

L'extension du LAM Lille métropole, musée d'Art moderne, d'Art contemporain et d'Art brut à Villeneuve-d'Ascq.

La cité internationale de la Dentelle et de la Mode à Calais, une façade de la cour.

Page de droite : **le musée La Piscine de Roubaix**, vue intérieure du bassin.

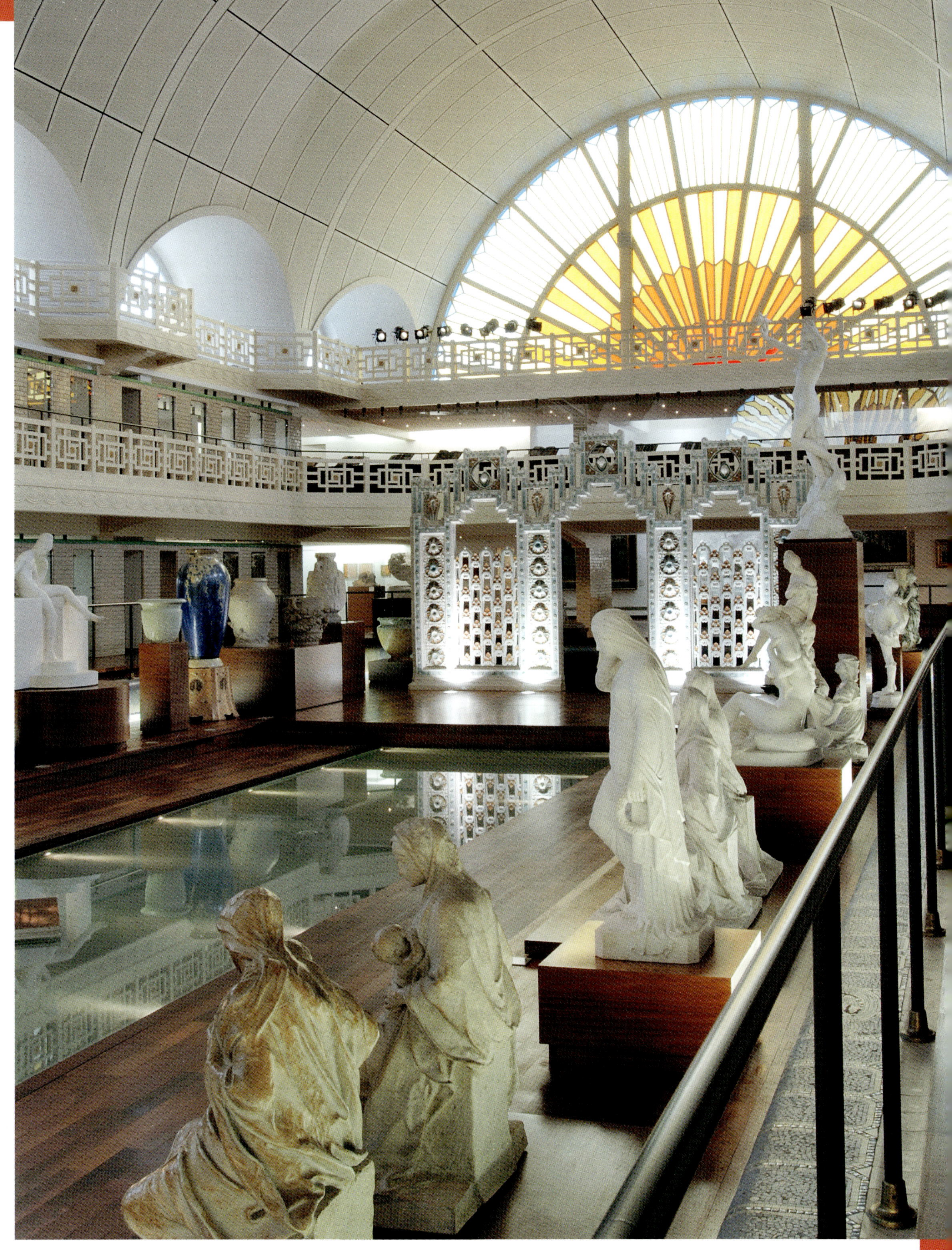

LE LOUVRE-LENS

Jeter un regard différent sur les œuvres du plus grand musée national, instaurer le dialogue avec les collections des musées de la région, aller à la rencontre de nouveaux publics et dynamiser l'économie locale… tels sont les principaux enjeux du Louvre-Lens. Le bâtiment implanté sur un ancien carreau de mine par l'agence japonaise SANAA et le parc aménagé par Catherine Mosbach se veulent en lien étroit avec la ville et le territoire.

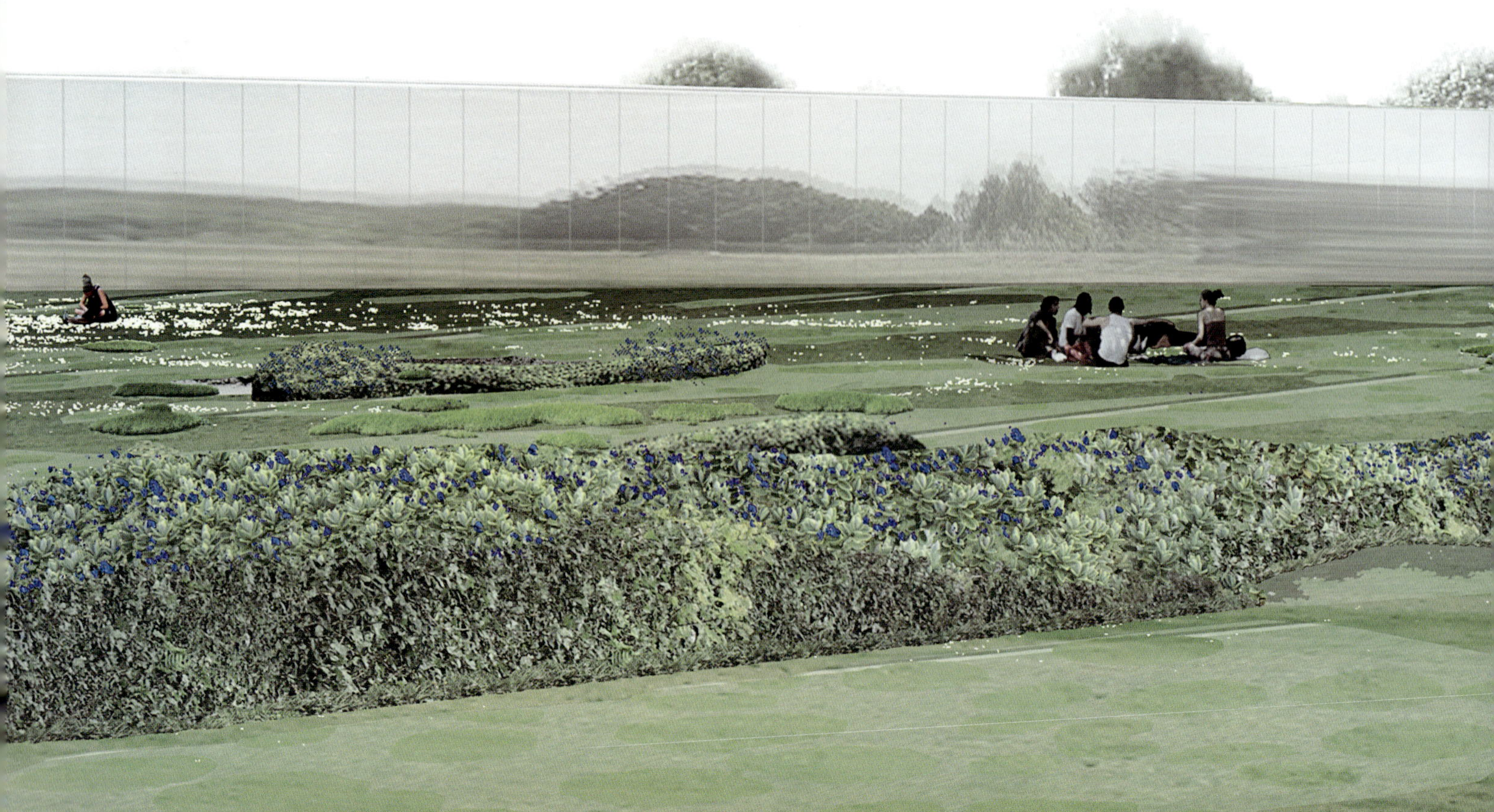

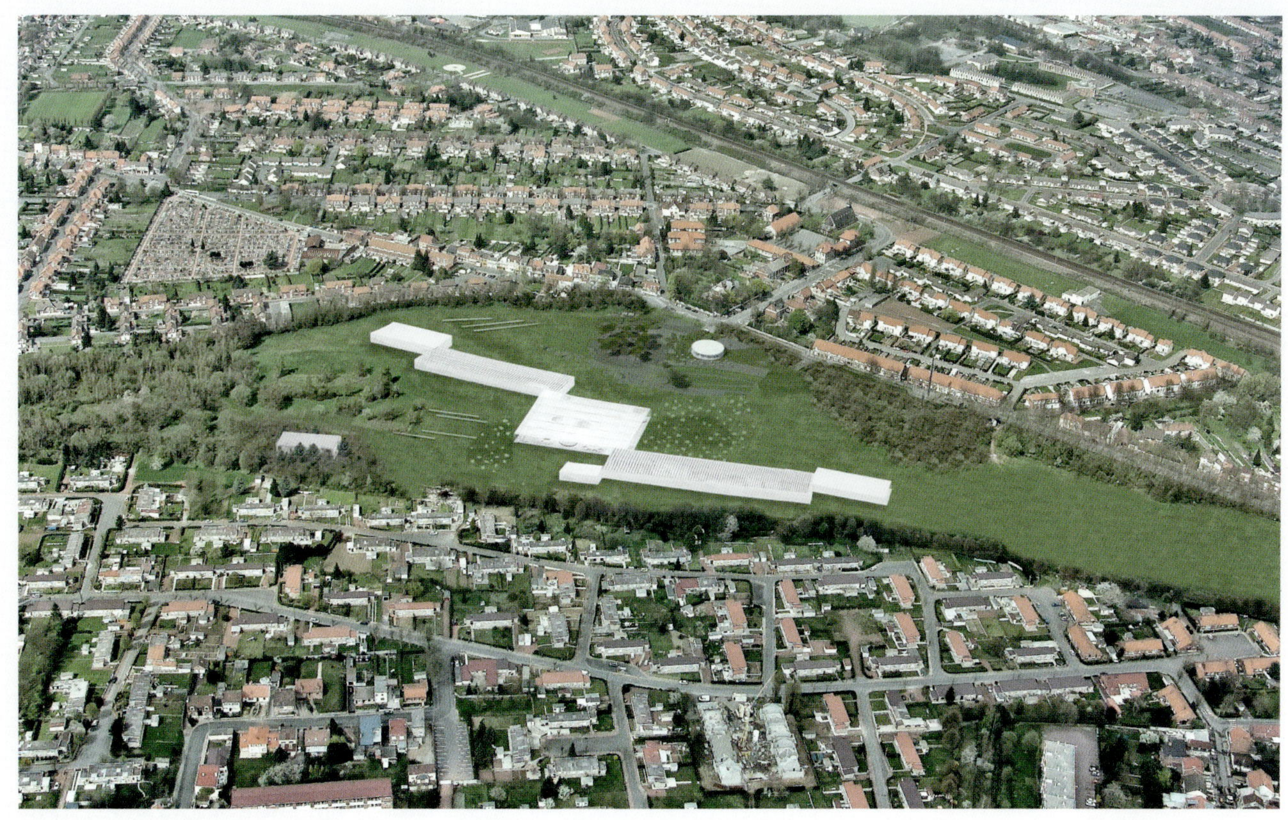

Ci-dessus :
vue aérienne sud-nord du Louvre-Lens
(image de synthèse).

Ci-dessous :
vue du hall d'accueil et de la galerie d'expositions temporaires
(image de synthèse).

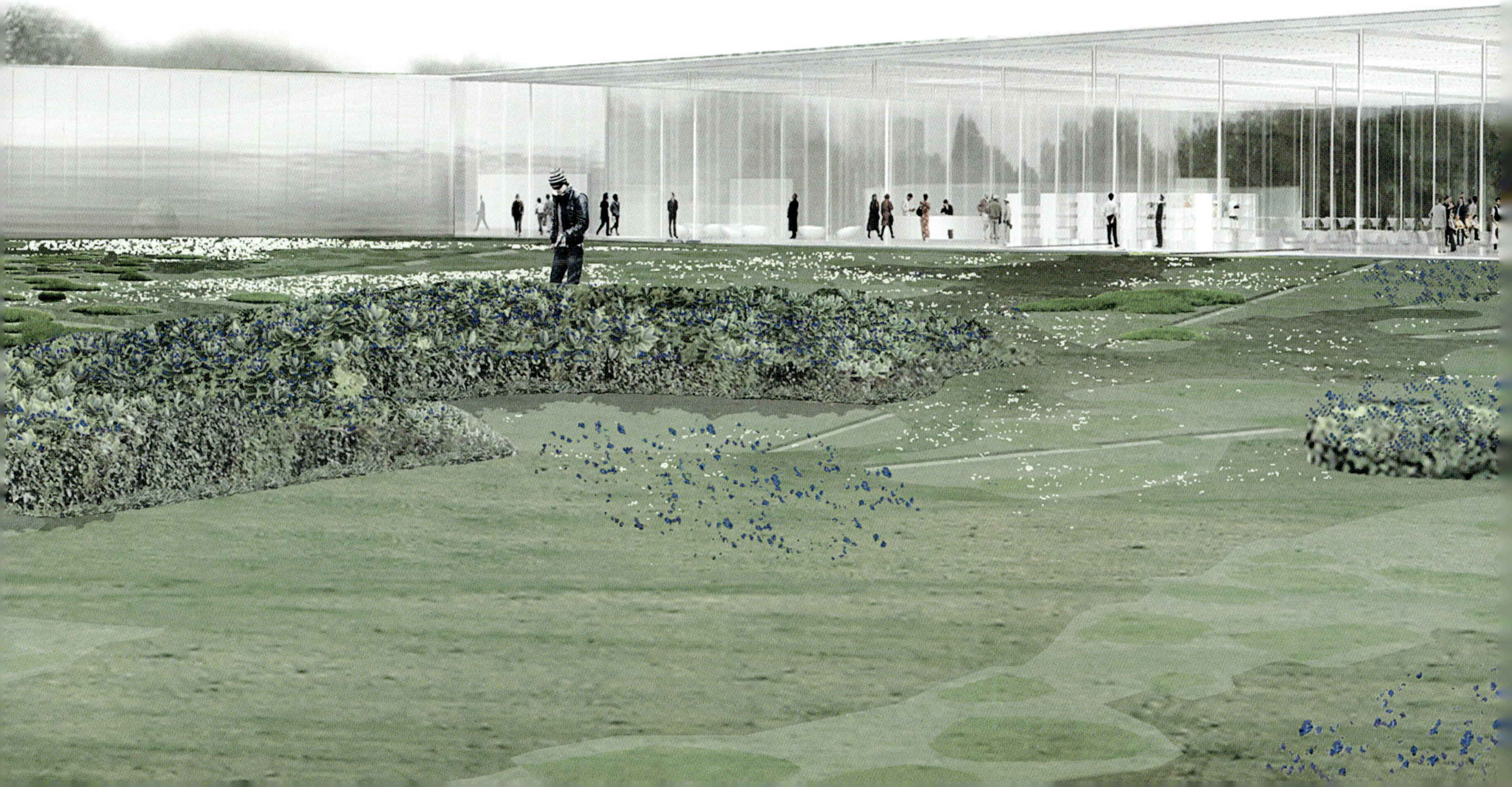

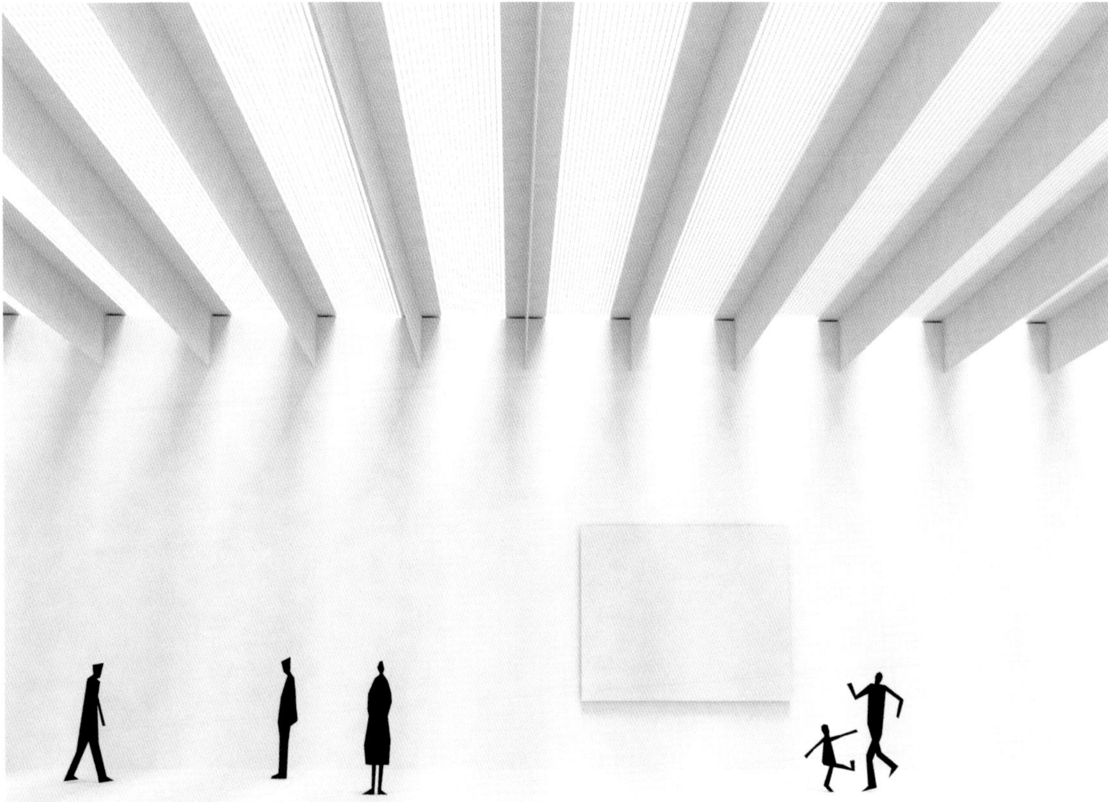

UN MUSÉE DU XXIe SIÈCLE

Entretien avec Xavier Dectot, directeur du musée du Louvre-Lens
Propos recueillis par Jérôme Coignard

Ci-dessus : **vue intérieure de la Grande galerie** (image de synthèse).

Page de droite : Le Greco, **Antonio de Covarrubias y Leiva (1514-1602), juriste et érudit**, détail, vers 1597-1600, huile sur toile, 68 x 57 cm.

Une expression que vous employez volontiers semble résumer le projet du Louvre-Lens : « *l'autre Louvre* ». Comment s'incarne cet autre Louvre ?

Vaste question ! Mais c'est aussi ce qui définit le Louvre-Lens : être le Louvre dans toute sa splendeur, dans toute son exigence scientifique. Il n'était pas question qu'on gauchisse ou qu'on altère ce qui fait le Louvre, son niveau d'excellence, sous prétexte que nous ne sommes pas à Paris. Mais nous avons pris en compte le lieu où nous sommes implantés et le fait qu'il s'agit d'un bâtiment contemporain, pour finalement aborder les choses autrement. Dans la Grande galerie, sur 120 mètres de longueur, deux cent cinq œuvres venues du Louvre – mises en dépôt pour une à cinq années – retracent toute la richesse et la diversité du musée, de 3500 avant Jésus-Christ, époque de l'invention de l'écriture en Mésopotamie, à 1848. Cette présentation embrasse toute l'étendue chronologique et géographique des collections du Louvre. À Paris, la muséographie est fortement structurée, par départements, par écoles. On insiste sur ce qui différencie, sur ce qui sépare. À Lens, on a souligné ce qui rapproche, dans un espace unique qui permet aux œuvres de dialoguer entre elles. La Perse, la Grèce et l'Égypte sont montrées ensemble. On découvre que ces civilisations, certes, se sont affrontées, mais qu'elles ont échangé, se sont mutuellement influencées. De même, on peut voir ensemble peintures, sculptures et objets d'art, que l'enseignement académique a séparés depuis le XVIIe siècle.

En quoi cette présentation chronologique peut-elle enrichir notre regard ?

Voir ensemble ces œuvres issues de cultures différentes permet de mettre en valeur des thèmes qu'un musée n'a pas si souvent l'occasion d'aborder

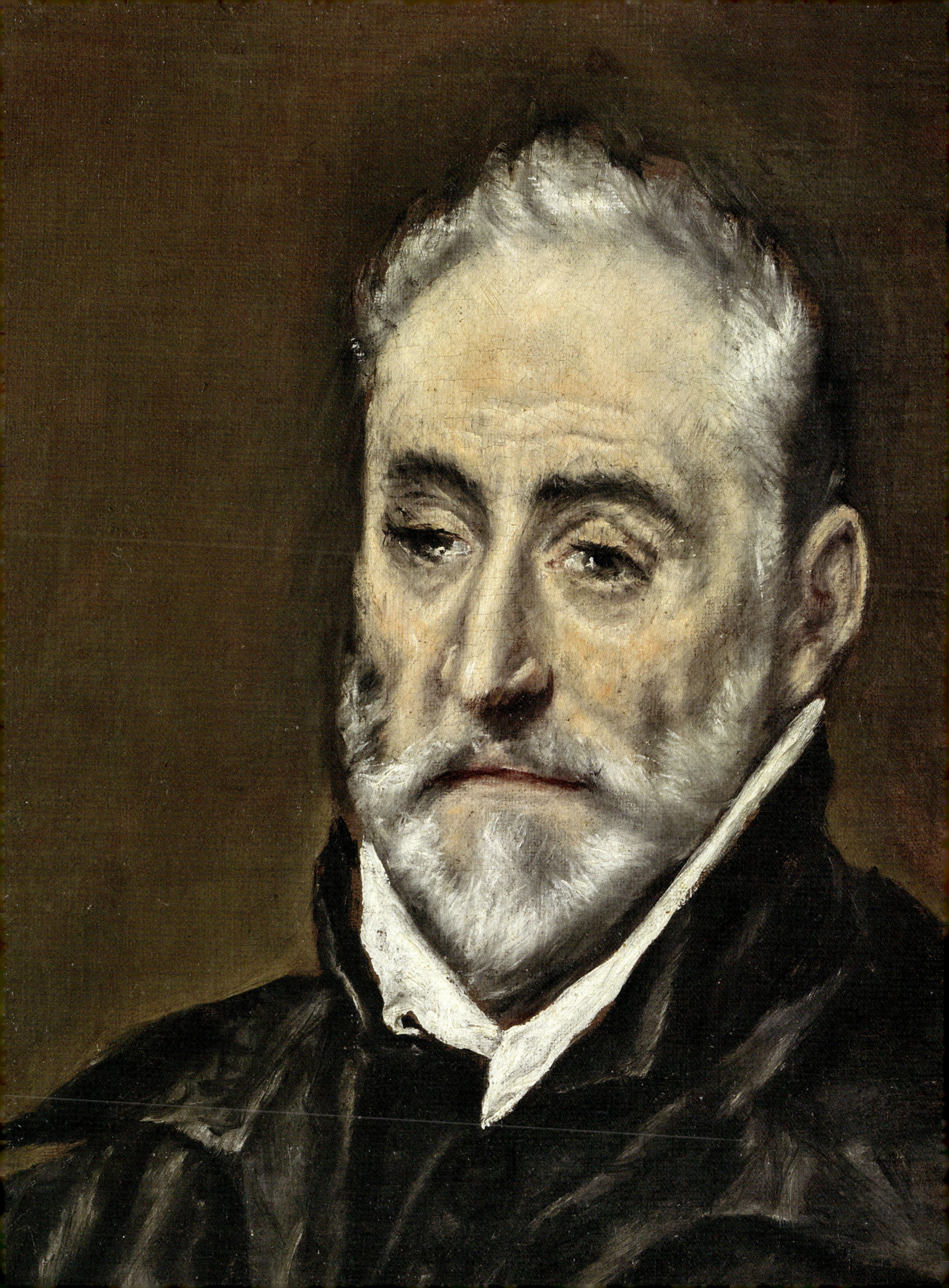

à travers ses collections permanentes. Ce sont, par exemple, la couleur dans les œuvres en relief, ou la question du portrait. Rapprocher, comme nous le faisons, le *Portrait de M. Bertin,* par Ingres, et le *Portrait de Fath Ali Shah,* souverain iranien de la dynastie Qadjar, met en évidence, par-delà la différence de style, les mêmes codes de représentation du pouvoir. Nous montrons quantité de chefs-d'œuvre, bien sûr, mais aussi des peintures et sculptures qui ont été choisies pour le dialogue qu'elles entretiennent entre elles. Par exemple, la *Vénus à la pomme* de Thorwaldsen et la *Vénus accroupie* de Coysevox permettent une réflexion sur le nu féminin, qui trouve également des échos dans la peinture. Dans l'espace unique de la Grande galerie, on peut à la fois voir de très près une œuvre et embrasser très largement celles qui l'entourent. Si, à Paris, vous voulez voir en même temps des tapisseries d'après Rubens, des peintures de Rubens et des sculptures flamandes de la même époque, il faut avoir de bonnes jambes ! Ici, on peut le faire d'un seul coup.

Qui dit Louvre dit chefs-d'œuvre. Qu'en est-il à Lens ?

Nous nous associons à l'effort du Louvre pour montrer que le musée ne se résume pas à quelques œuvres mondialement célèbres. Une de nos fonctions est aussi de donner à voir des pièces du Louvre, parfois de très haut niveau, que l'on regarde moins car on est trop concentré sur les œuvres phares. Le chef-d'œuvre de Léonard de Vinci, ce n'est pas *La Joconde,* mais la *Sainte Anne*. L'exposition du Louvre en 2012 l'avait déjà réaffirmé ; nous y revenons avec l'exposition « Renaissance ».

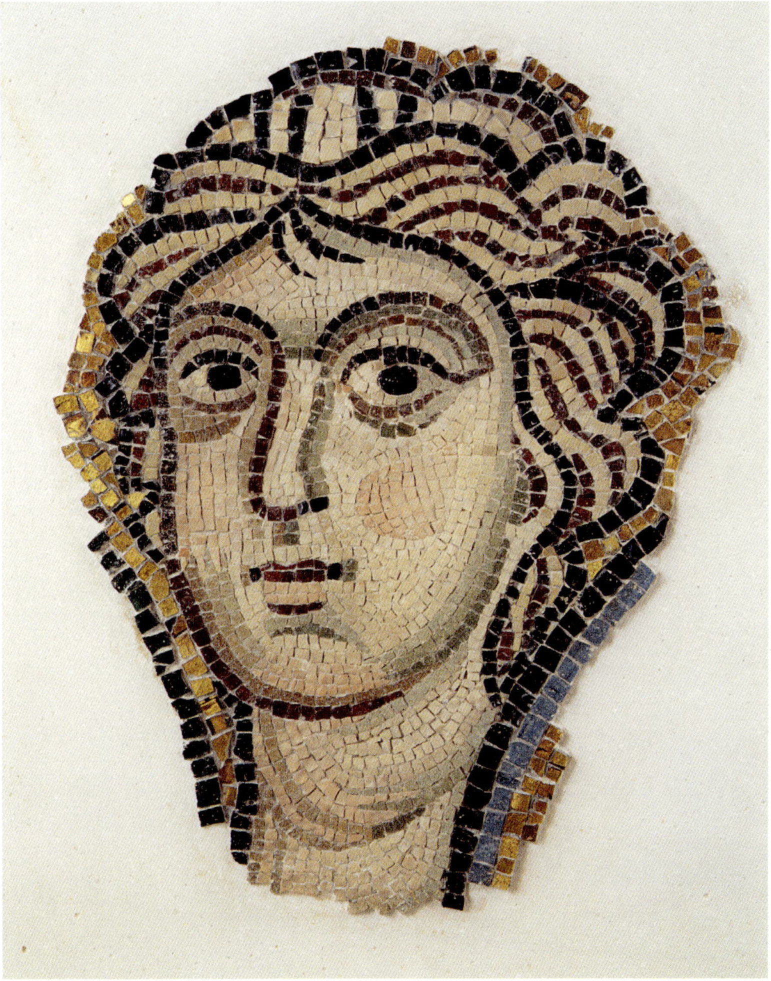

S'implanter au cœur d'un territoire fortement marqué par son histoire industrielle et ouvrière, c'est aussi se rapprocher d'une population qui n'est pas familière des grands circuits culturels. Comment s'adresser à celle-ci ?

Nous avons une mission, qui est aussi celle du Louvre, peut-être plus forte encore ici, vis-à-vis des publics éloignés de la culture. Nous avons la ferme volonté de leur donner exactement la même chose qu'à Paris. Simplement, nous proposons davantage de « sous-titres », d'accompagnement. Notre but est que celui qui n'est jamais entré dans un musée ou qui a peur d'aborder ce domaine se rende compte qu'il peut lui aussi en retirer quelque chose. Nous allons à la rencontre des publics hors les murs. Nos médiateurs se rendent dans les supermarchés, les piscines, voire les cages d'escalier pour parler avec les habitants, les convaincre de venir. Notre base, c'est le dialogue, la prise de parole et même de rendez-vous : nous sommes venus chez vous, venez

Page de gauche :
Rembrandt van Rijn,
Saint Matthieu et l'ange,
1661, huile sur toile,
96 x 81 cm.

Ci-dessus :
Tête d'ange,
fragment d'un décor de la basilique de Torcello (Italie), vers 1050-1100, mosaïque, 31,6 x 24,6 cm.

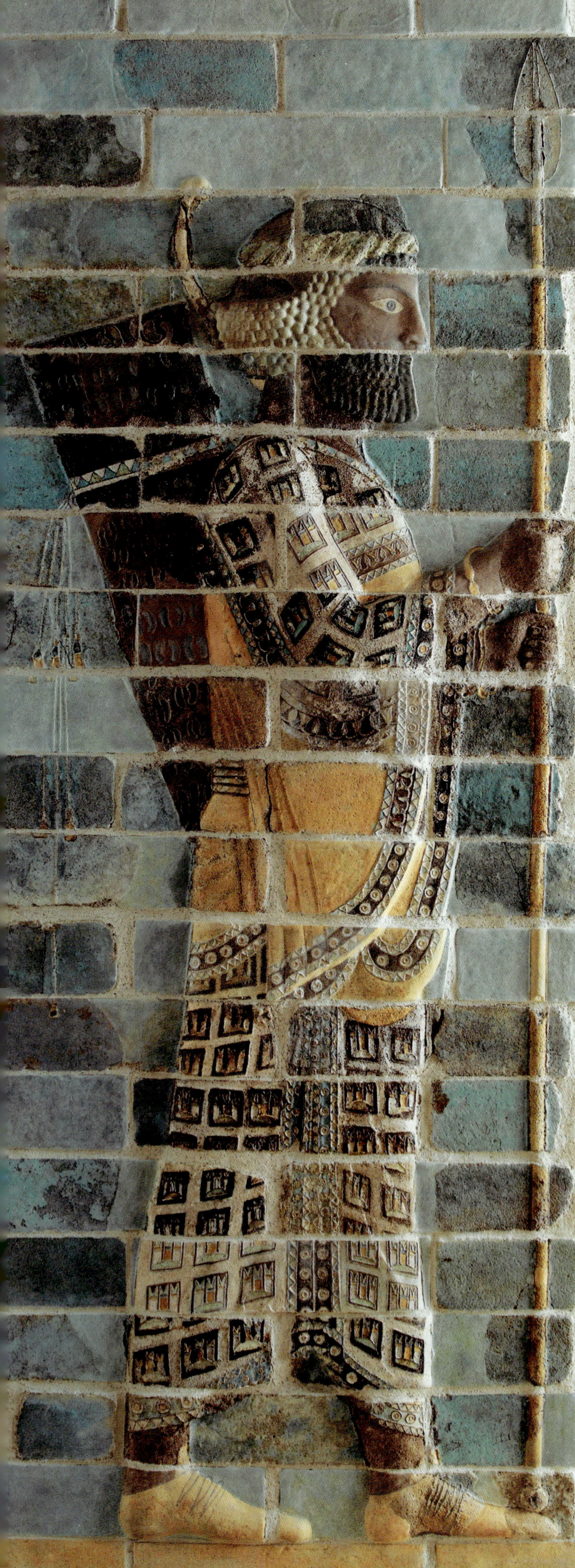

chez nous ! Dans les salles du musée, à tout instant de la journée, dix médiateurs sont présents pour aller au-devant des visiteurs. Ce n'est pas la démarche de la visite-conférence classique mais un échange, plus informel et moins scolaire. Un musée est un lieu où l'on découvre, où l'on apprend certes, mais d'abord un lieu où l'on prend du plaisir. Nous mettons l'accent sur la dimension esthétique, ce qui n'exclut pas l'apprentissage. Notre but est non pas de désacraliser mais de démystifier le musée.

Pouvez-vous nous en dire plus sur les réserves, que vous proposez au public de découvrir ?
Nous avons pris tout ce qui est le Louvre, y compris ses entrailles. Dans l'espace situé sous le hall central, le public peut découvrir les réserves avec leurs différents espaces, correspondant à la nature des objets conservés, avec leurs meubles de rangement, les grilles pour les tableaux... Certaines œuvres sont en attente de restauration ; d'autres, les arts graphiques ou les textiles, sont trop fragiles pour être présentées de manière permanente. Nous avons par ailleurs transféré dans nos réserves le fonds Alfred Chauchard. Ce grand collectionneur de la fin du XIXe siècle a réuni un ensemble important de peintures de son temps, ainsi que des sculptures et objets d'art. Les peintures ont été transférées au musée d'Orsay lors de sa création, tandis que le reste de la collection était resté en réserve au Louvre. Ces œuvres, certes secondaires, sont importantes pour comprendre un grand collectionneur de cette époque. Les réserves, de même que les ateliers du musée, que l'on peut découvrir à travers de grandes baies vitrées, invitent le public à appréhender ce qui fait la vie du musée, avec ses différents métiers. Dans la plupart des musées cette vie est cachée, on essaie de présenter au visiteur un spectacle fini, aussi parfait que possible. Nous entendons montrer comment on atteint cette perfection.

À gauche :
Archer de la garde royale, fragment du décor du palais du roi perse Darius Ier, Suse (Iran actuel), vers 500 av. J.-C., briques siliceuses à glaçure, 196 x 80 cm.

Page de droite :
Concours musical entre le dieu Apollon et le satyre Marsyas, sarcophage, détail, Cosa (Italie), vers 290-300, marbre, 105 x 233 cm.

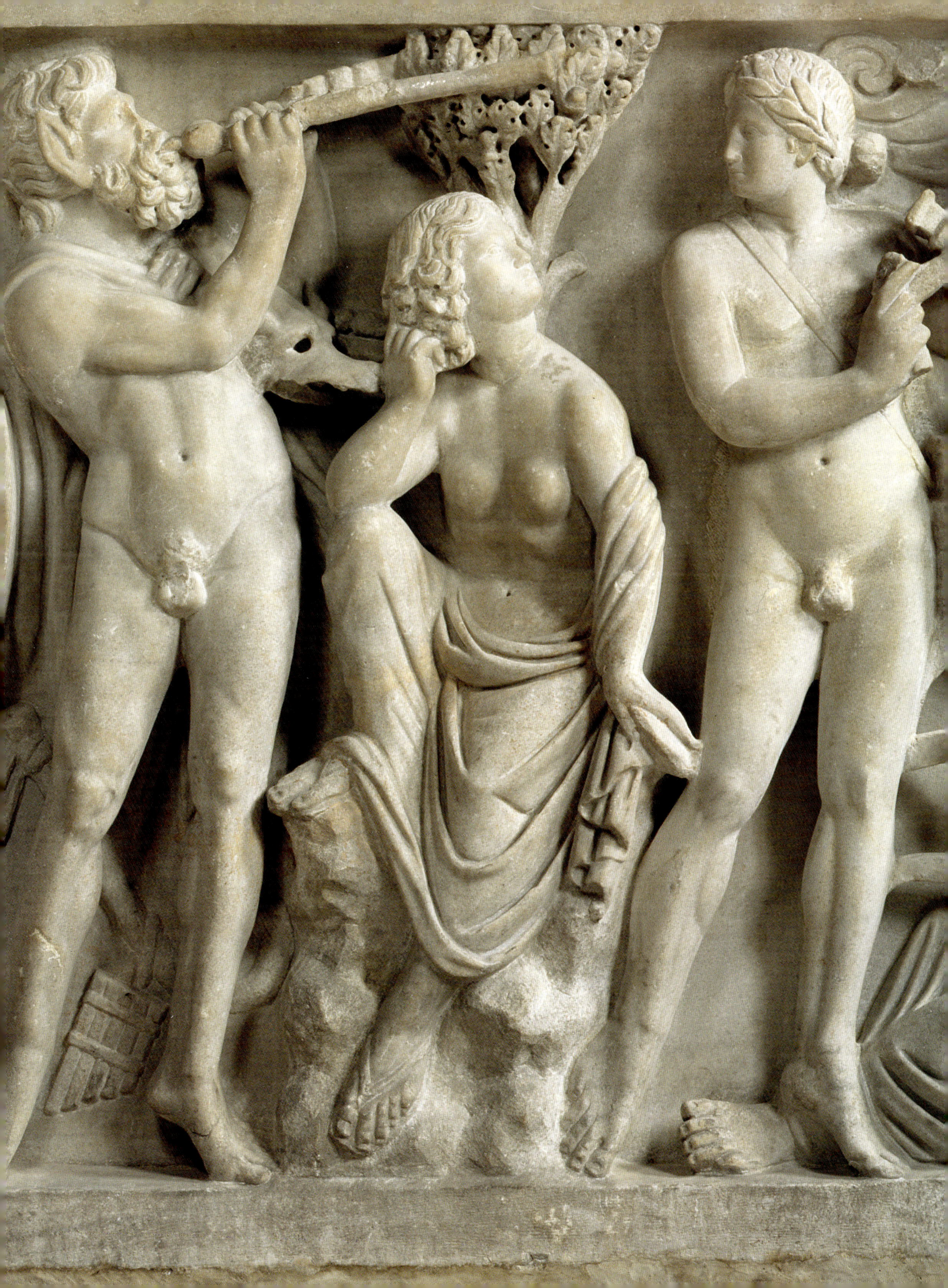

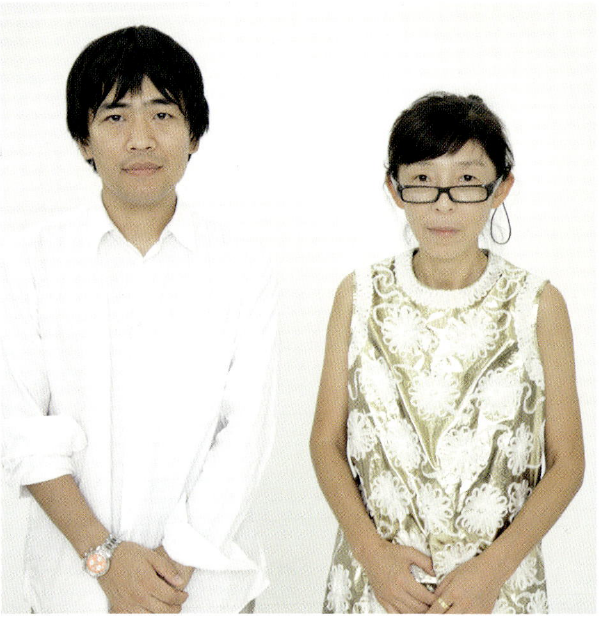
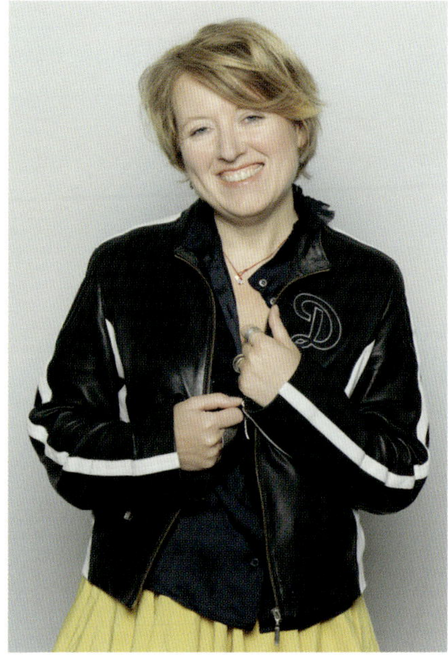

LES PAVILLONS DU PARC

Par Jean-François Lasnier

Ci-dessus :
Kazuyo Sejima et Ryue Nishizawa, de l'agence SANAA.

Catherine Mosbach, paysagiste.

Page de droite, de haut en bas :
le hall d'accueil depuis le parvis est, entrée des expositions temporaires.

Le hall d'accueil.

La façade en aluminium de la galerie des expositions temporaires.

Vue depuis la galerie vitrée vers le hall d'accueil.

(Images de synthèse.)

Prononcer le nom du Louvre, c'est évoquer spontanément la grandeur et, pour tout dire, une certaine forme d'emphase architecturale, mise au service du pouvoir jadis, du savoir aujourd'hui. Il aurait été vain de vouloir rivaliser avec le musée parisien et les architectes de SANAA ont pris le contre-pied de la rhétorique attendue pour offrir un anti-monument, tenté par une forme de dématérialisation. Le Louvre-Lens n'en présente pas moins de subtiles références à sa maison mère, transfigurées par la poétique de SANAA.

En 2005, le concours est remporté par l'agence japonaise, associée aux Américains Imrey Culbert et à la paysagiste française Catherine Mosbach. Fondée en 1995 par Kazuyo Sejima et Ryue Nishizawa, SANAA s'est notamment distinguée dans le champ des institutions culturelles, avec le musée d'Art contemporain du XXIe siècle à Kanazawa, le Pavillon de verre au musée de Toledo (États-Unis), ou le New Museum for Contemporary Art à New York. En Allemagne, l'équipe nippone avait conçu une école de design qui – coïncidence – était située sur l'ancien site minier de Zollverein à Essen. On retrouve à Lens un certain nombre de traits caractéristiques de leur travail, mais réinterprétés en fonction de la spécificité du lieu et des contraintes liées au programme.

Modestie et légèreté

D'abord, les architectes ont dû appréhender cette vaste friche de vingt hectares, l'ancien carreau de la fosse n° 9 des mines de Lens, creusée à partir de 1884. Après la fermeture du puits en 1960, les ins-

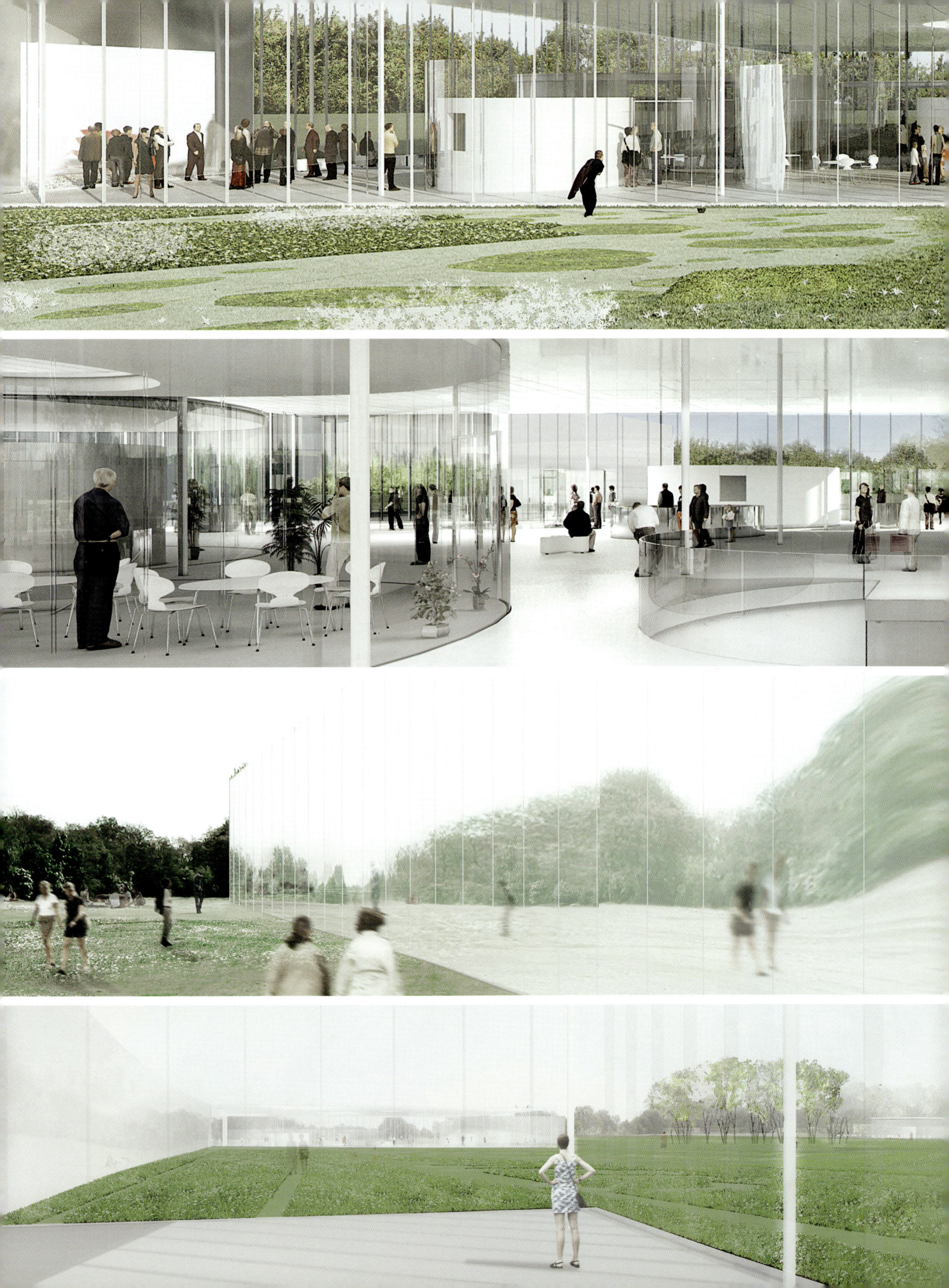

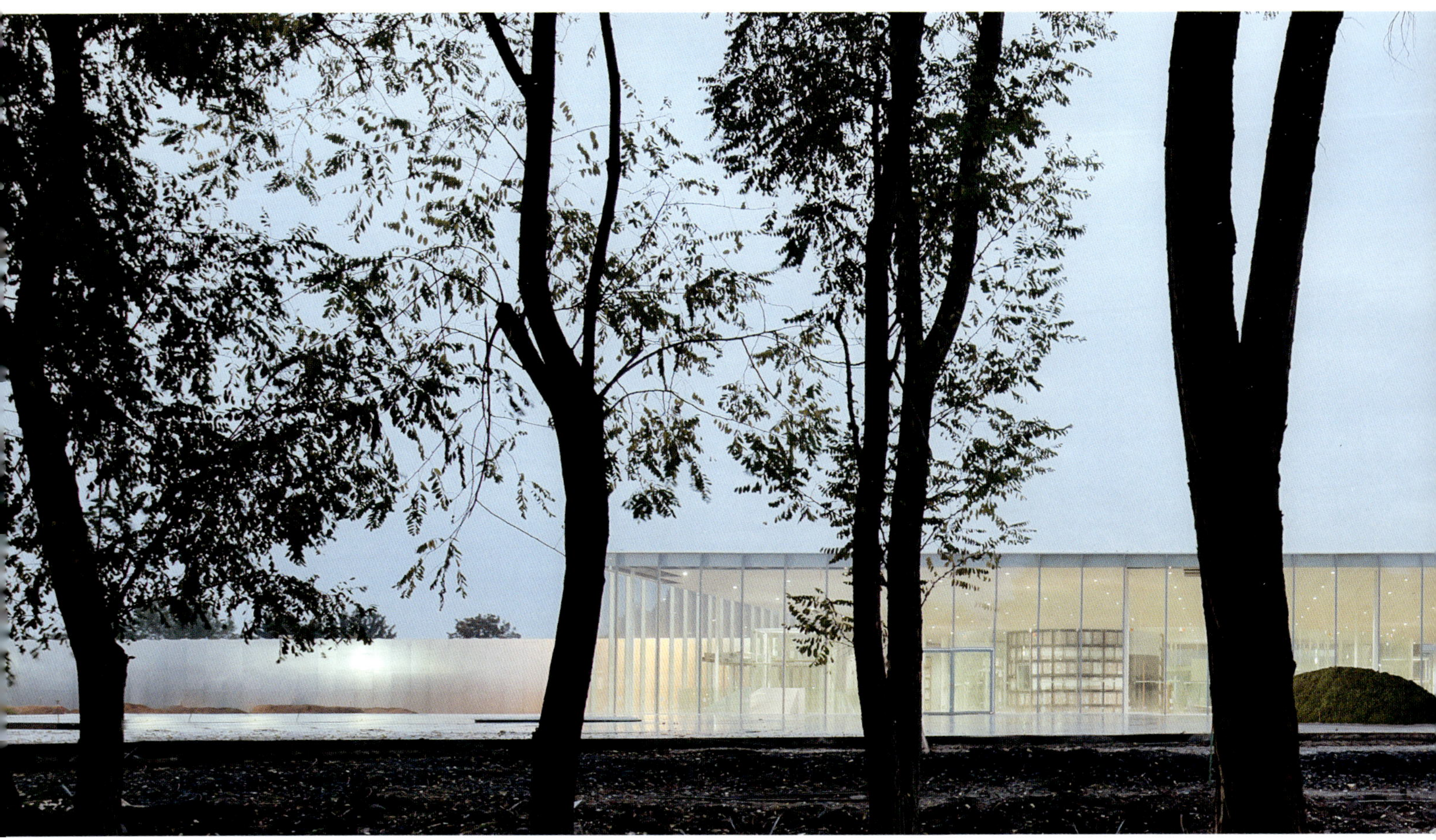

Vue extérieure du musée.

tallations industrielles avaient été démolies, ne laissant qu'un vaste terril plat, cerné par les cités minières. Sur ce site triangulaire, surélevé par rapport au niveau du sol, il n'était pas question de construire un mastodonte écrasant les environs de sa massivité et de sa prétention. Au contraire, *« nous avons pris le parti d'un bâtiment modeste et léger »*, rappelle Louis-Antoine Grégo, architecte chez SANAA. Ainsi, le Louvre-Lens se décompose en cinq pavillons de taille variable, égrenés comme les perles d'un chapelet. Chacun d'entre eux est fortement individualisé par ses dimensions et par ses façades, alternant le verre et l'aluminium, tandis que la ligne de toiture épouse la pente du terrain. La faible hauteur des bâtiments laisse en outre les frondaisons des arbres dépasser à l'arrière-plan. Tous ces choix concourent à une insertion harmonieuse dans le site, tout comme le parti pris de façades légèrement incurvées : aucun des bâtiments n'est parfaitement orthogonal, ce qui adoucit les formes et affermit l'évidence de leur présence. Aussi décisive qu'imperceptible au premier regard, cette option constructive a induit, en phase de chantier, une complexité pourtant soigneusement gommée, quand tant d'architectes affichent avec ostentation leurs performances techniques.

Le rapport à la nature

Dans le parc, les chemins se sont calés sur les anciens cavaliers (voies ferrées surélevées, utilisées pour transporter le charbon), manifestant ainsi le respect de l'histoire et de la morphologie du site. Ces allées mènent les visiteurs vers le bâtiment central, un immense hall de 3 600 mètres carrés entièrement vitré. À l'intérieur de cet espace d'accueil desservant les deux grandes galeries, des bulles de verre abritent différentes fonctions, comme la billetterie, la cafétéria ou encore le centre de ressources. Loin d'assurer une parfaite transparence, la superposition visuelle de ces parois de verre crée un léger brouillage visuel, les reflets se mêlent, les masses se dissolvent. La minceur des supports – cinquante-quatre colonnes d'acier peintes en blanc – permet une libre circulation du regard et participe à l'effet de légèreté. Grâce à ce parti architectural, le public aussi est invité à pénétrer dans ce lieu, à y déambuler à son gré, soit pour accéder aux différentes activités du musée, soit pour simplement le traverser. Les entrées sur trois des façades accentuent cette perméabilité à l'environnement.

Dans les salles du musée, changement de décor. *« Dans les deux grandes galeries, le parti a été de supprimer les vues, contrairement au hall et au*

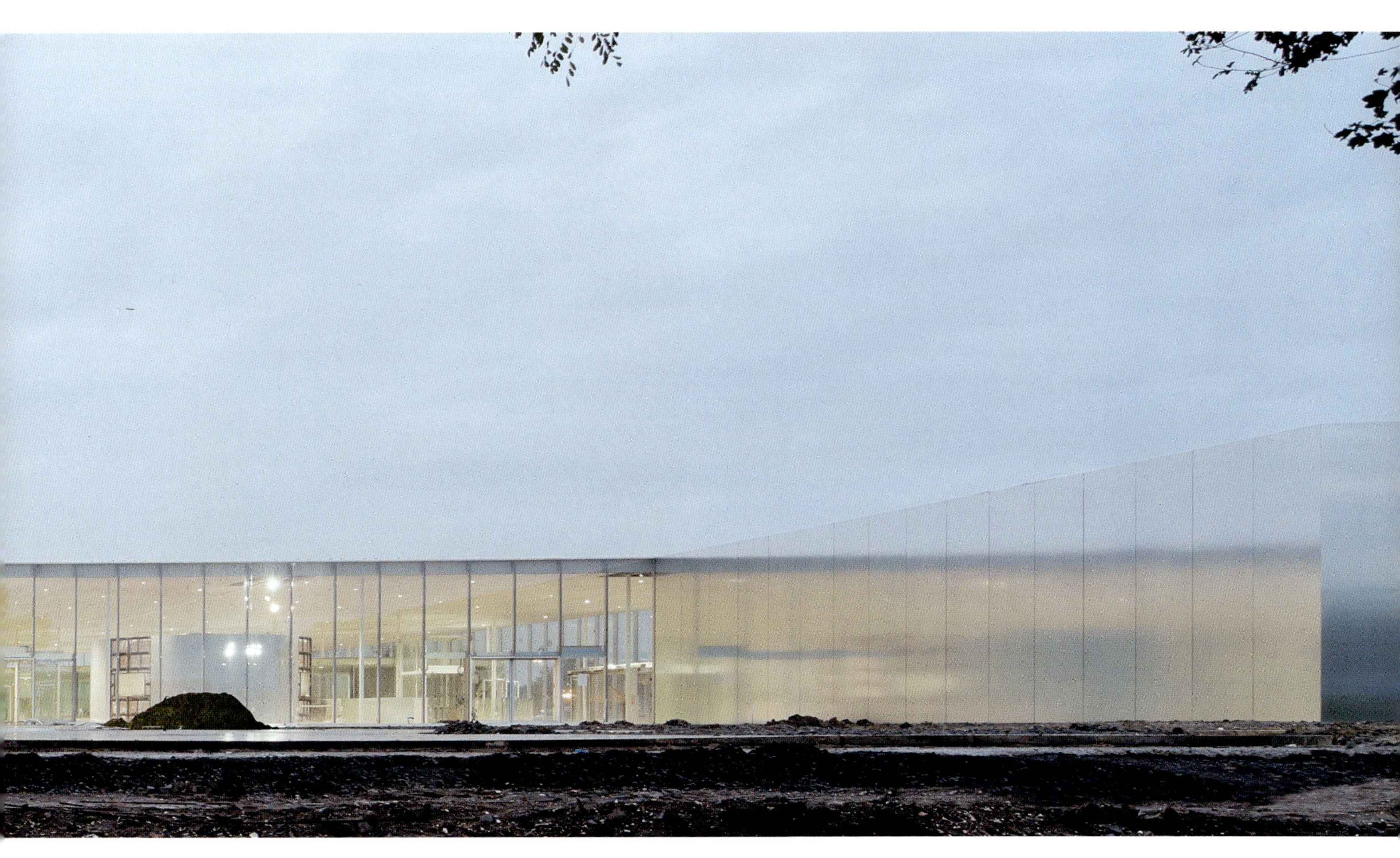

Pavillon de verre, qui sont en prise directe avec l'extérieur, explique Louis-Antoine Grégo. *Néanmoins, dans les galeries, le rapport à la nature reste très fort mais il est vertical, plus abstrait.* » En effet, la lumière pénètre en abondance depuis le plafond, grâce à l'éclairage zénithal. Depuis le XVIIIe siècle, ce dispositif a fait ses preuves dans les musées, et c'est le parti adopté dans la grande galerie du Louvre parisien.

« *L'objectif était de développer une structure permettant de garder à la fois la simplicité du volume et la luminosité, voire d'oublier la structure,* poursuit Louis-Antoine Grégo. *Grâce au choix de poutres en T très fines, on ne voit plus des poutres mais une sorte de voilure.* »

Créer une atmosphère

Cette dématérialisation de l'architecture, on l'a dit, est au cœur du travail de SANAA, et elle s'est approfondie au fil du projet. Si l'ouverture vers le ciel était prévue dès l'origine, il n'en allait pas de même d'une proposition audacieuse pour la Grande galerie. Après qu'ont été levées de bien compréhensibles réserves, ses parois latérales ont été couvertes de panneaux d'aluminium, identiques à ceux des façades extérieures. « *L'aluminium crée un espace ouaté, presque infini, qui met en perspective à la fois les œuvres et les gens, dans une sorte de quatrième dimension* », considère Grégo. Sur cent vingt mètres de longueur, se déroule le parcours dans l'exposition semi-permanente, dont la muséographie a été confiée au Français Adrien Gardère. L'éclairage uniforme distillé depuis le plafond, la sobriété du mobilier et les reflets soyeux de l'aluminium composent une ambiance neutre, douce et apaisante, et offrent au public unc expérience perceptive totale. Ce soin apporté à la création d'une atmosphère apparaît comme une constante dans l'œuvre de SANAA; elle passe également par la recherche de contrastes forts : ainsi, le visiteur est saisi lorsqu'il pénètre dans le Pavillon de verre, à l'extrémité de la Grande galerie. Là, il retrouve la transparence et la vue sur le parc, dans un espace qui est également dédié aux expositions.

Le hall central dessert à l'opposé une autre galerie, affectée aux expositions temporaires, et un grand auditorium, la Scène. Voilà pour la surface, car en sous-sol, d'autres lieux s'ouvrent au public : différents espaces de médiation, mais aussi des réserves visitables et des ateliers de restauration que l'on peut observer à travers des baies. Ces coulisses du musée sont traitées sur un mode plus prosaïquement fonctionnel, dans un bâtiment où sobriété ne rime jamais avec pauvreté.

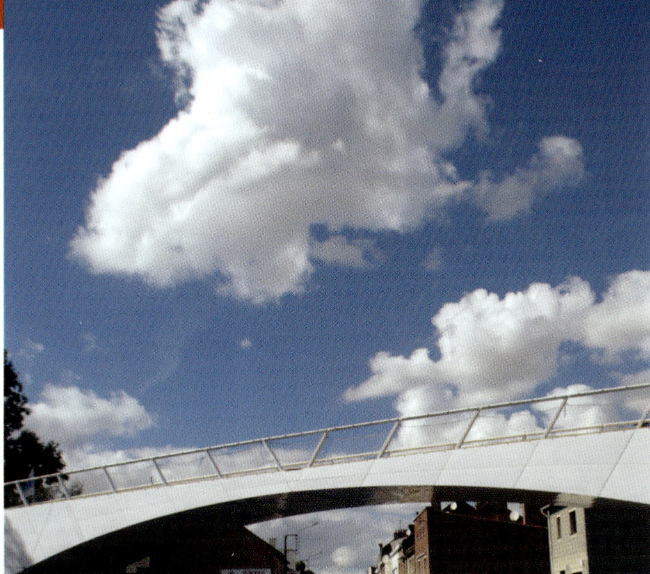

Euralens

L'ouverture du musée ne constitue pas une finalité mais plutôt un point de départ. Tel est le sens de la création d'Euralens, en 2009. « *C'est une démarche collective, fédérative des élus, des forces économiques, sociales et universitaires pour bénéficier des retombées de l'arrivée du Louvre à Lens* », explique Bernard Masset, délégué général d'Euralens. « *Le choix de ce nom a une double vertu. Premièrement, il permet de réaffirmer la centralité de Lens, ancienne capitale du bassin minier, qui a subi les affres de la fin de l'exploitation minière et d'une reconversion difficile. Deuxièmement, Euralens fait écho à Euralille, dont on a vu les effets dans la modernisation de Lille.* » En dépit de cette référence, l'opération est singulière et répond à plusieurs types de préoccupations. « *La première étape a été de faire face à l'urgence pour assurer l'accessibilité du Louvre-Lens. Nous avons fait venir des talents pour créer un schéma directeur, basé notamment sur la transformation écologique du territoire.* » À la baguette, on retrouve notamment l'architecte Christian de Portzamparc et le paysagiste Michel Desvigne. « *Dans un deuxième temps, Euralens a élargi son champ à d'autres territoires*, poursuit Bernard Masset. *Nous avons mis en place un système de labellisation pour aider à l'éclosion de projets de toute nature. Toutefois, ceux-ci sont tenus de répondre à deux critères : ils doivent présenter, d'une part, un intérêt collectif pour le territoire, et, d'autre part, un haut niveau qualitatif. Ce sont les bases d'une image et d'une attractivité nouvelles* », que l'inscription au Patrimoine mondial est opportunément venue étayer. Une soixantaine de projets ont été déposés en vue d'une labellisation : tourisme, loisirs, mais aussi applications numériques, éco-matériaux, métiers d'art… Le champ des possibles est ouvert, pour une démarche à long terme visant à valoriser le territoire dans sa globalité.

J.-F. L.

Ci-dessus : **la passerelle** réalisée par l'architecte Christian de Portzamparc, rue Paul-Bert à Lens.

Page de droite : **la promenade** réalisée par Michel Desvigne. Cheminement depuis la gare de Lens.

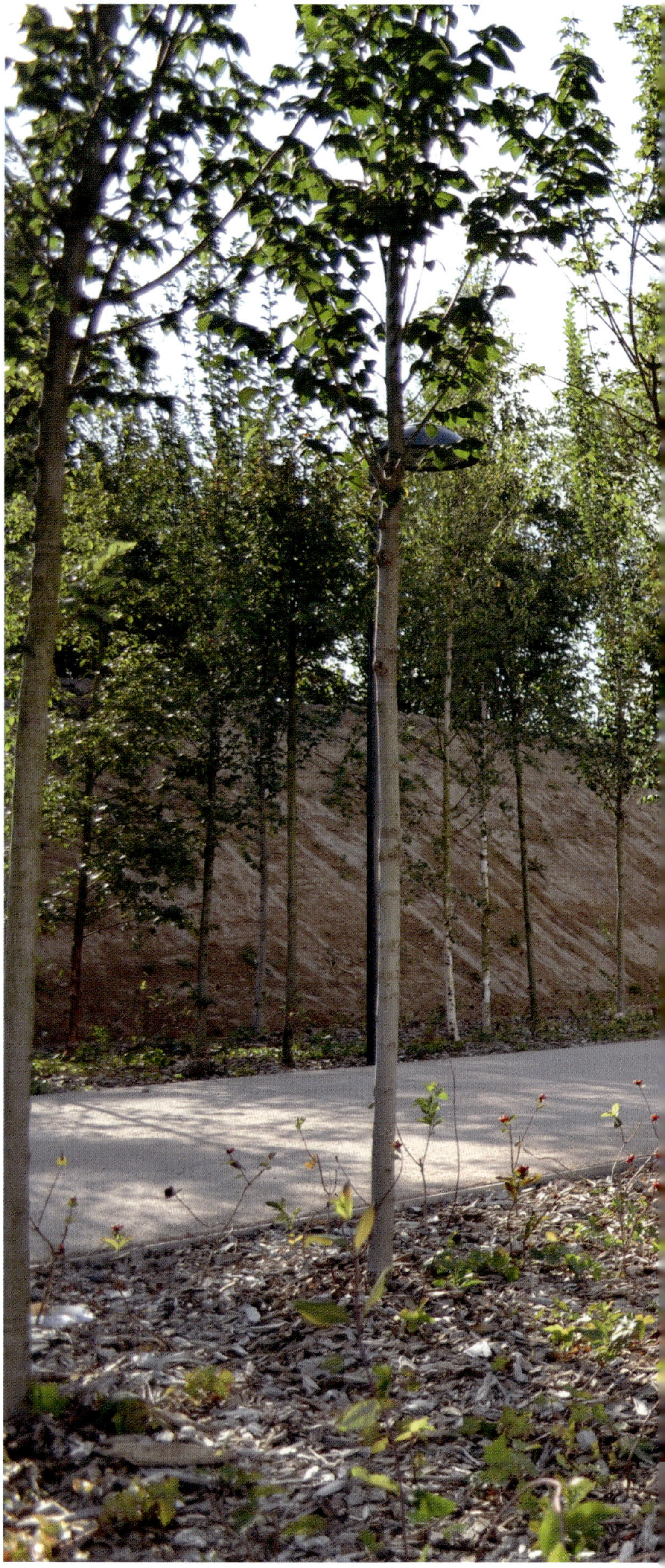

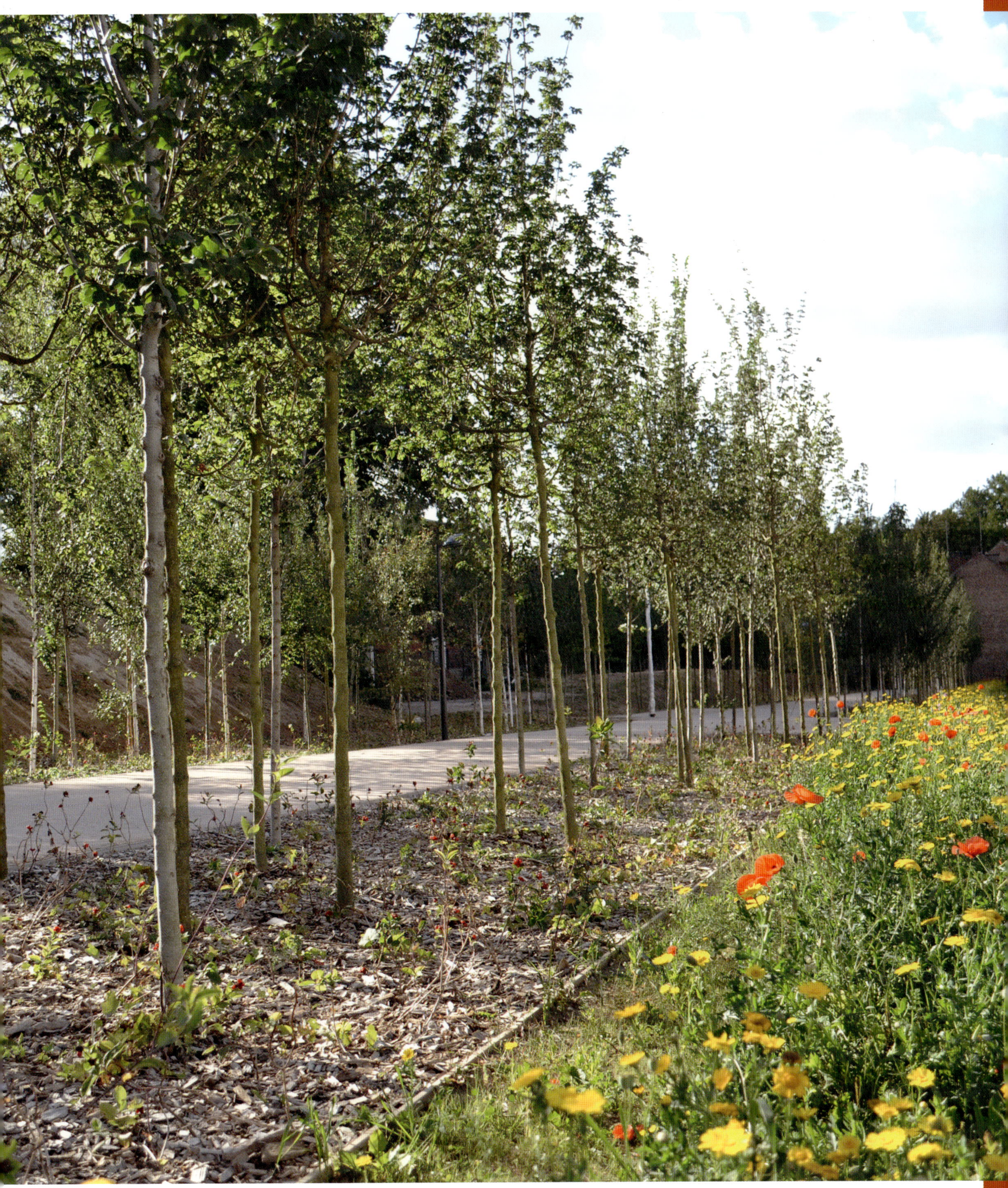

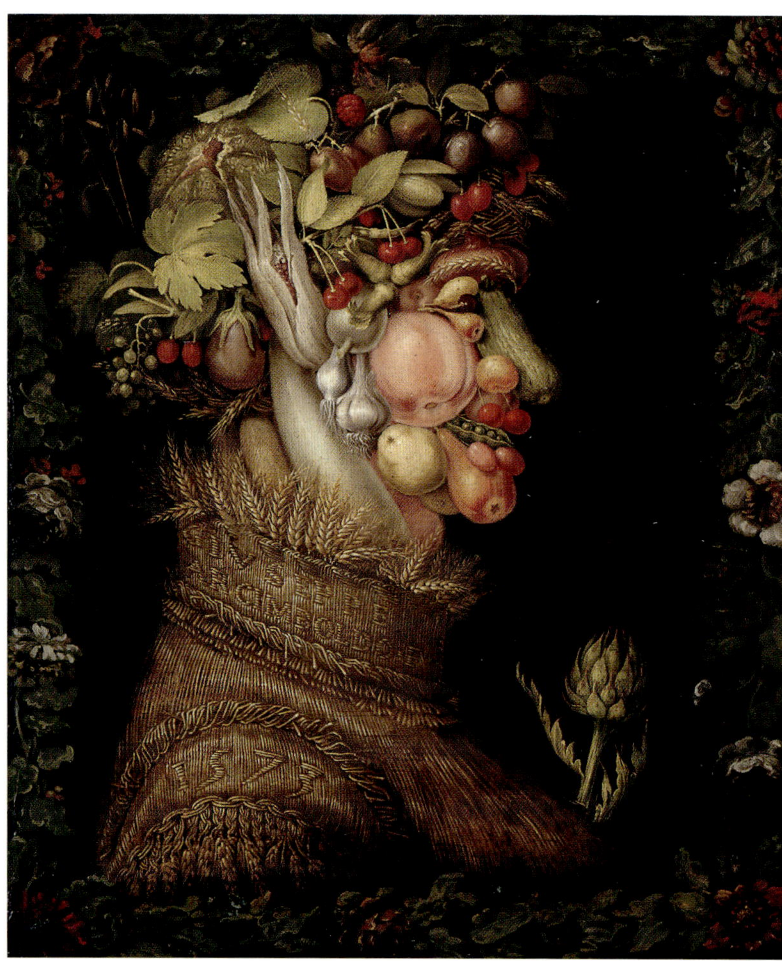

Ci-contre :
Giuseppe Arcimboldo,
L'Été,
1573, huile sur toile,
76 x 63,5 cm.

Page de droite :
Giuseppe Arcimboldo,
Le Printemps,
1573, huile sur toile,
76 x 63,5 cm.

LE TEMPS À L'ŒUVRE

Par Jérôme Coignard

Pour l'homme, la perception du temps est double. Il y a le temps fini, celui qui s'écoule entre sa naissance et sa mort, temps qui annonce inéluctablement sa propre disparition, celle des êtres et de la plupart des choses qui l'entourent. Et puis il y a le temps cyclique, celui qui fait que le jour succède à la nuit et la nuit au jour, celui qui régit la course de la lune, appelle la succession des saisons. Ce temps-là, qui dépasse l'homme, lui fait entrevoir le sentiment d'éternité. Toutes les civilisations se sont construites face à cette contradiction majeure entre un temps fini, qui porte le vieillissement et la mort des hommes, peut-être même la disparition de la planète, et un temps éternel qui appartient aux dieux. Cette vaste question a donné corps à l'exposition inaugurale du Pavillon de verre, « Le Temps à l'œuvre », qui confronte l'art des différentes civilisations et de toutes les époques depuis la naissance de l'astronomie, dans l'Antiquité, jusqu'aux installations éphémères de l'art contemporain, en passant par l'invention de l'horloge mécanique.
Les signes du zodiaque figurent parmi les grands thèmes illustrant la première partie de l'exposition, consacrée au temps cyclique. C'est l'examen nocturne des phases de la lune qui a naturellement amené les hommes à observer les étoiles, les constellations et les planètes. Très tôt, les cycles de la lune ont été associés à des constellations

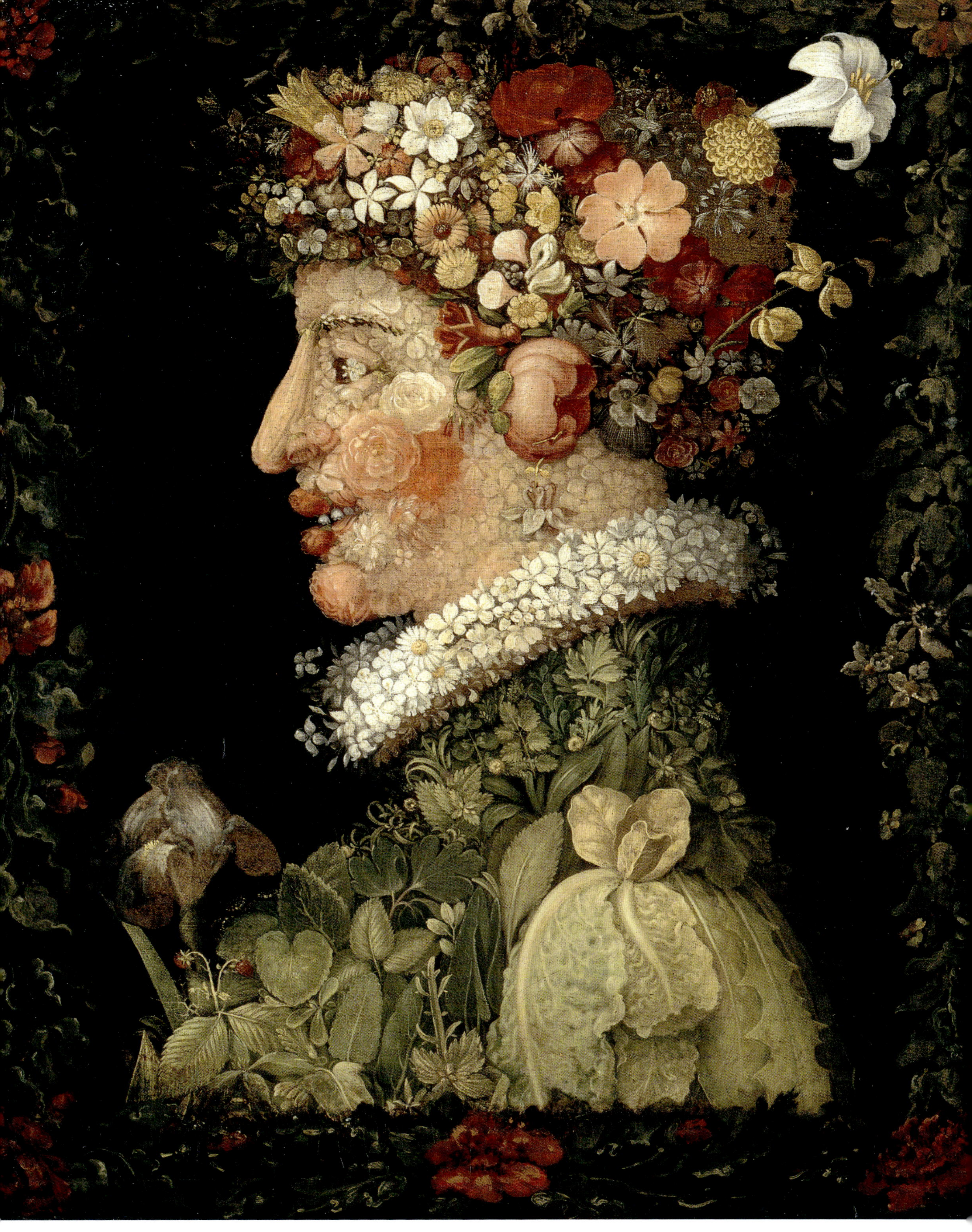

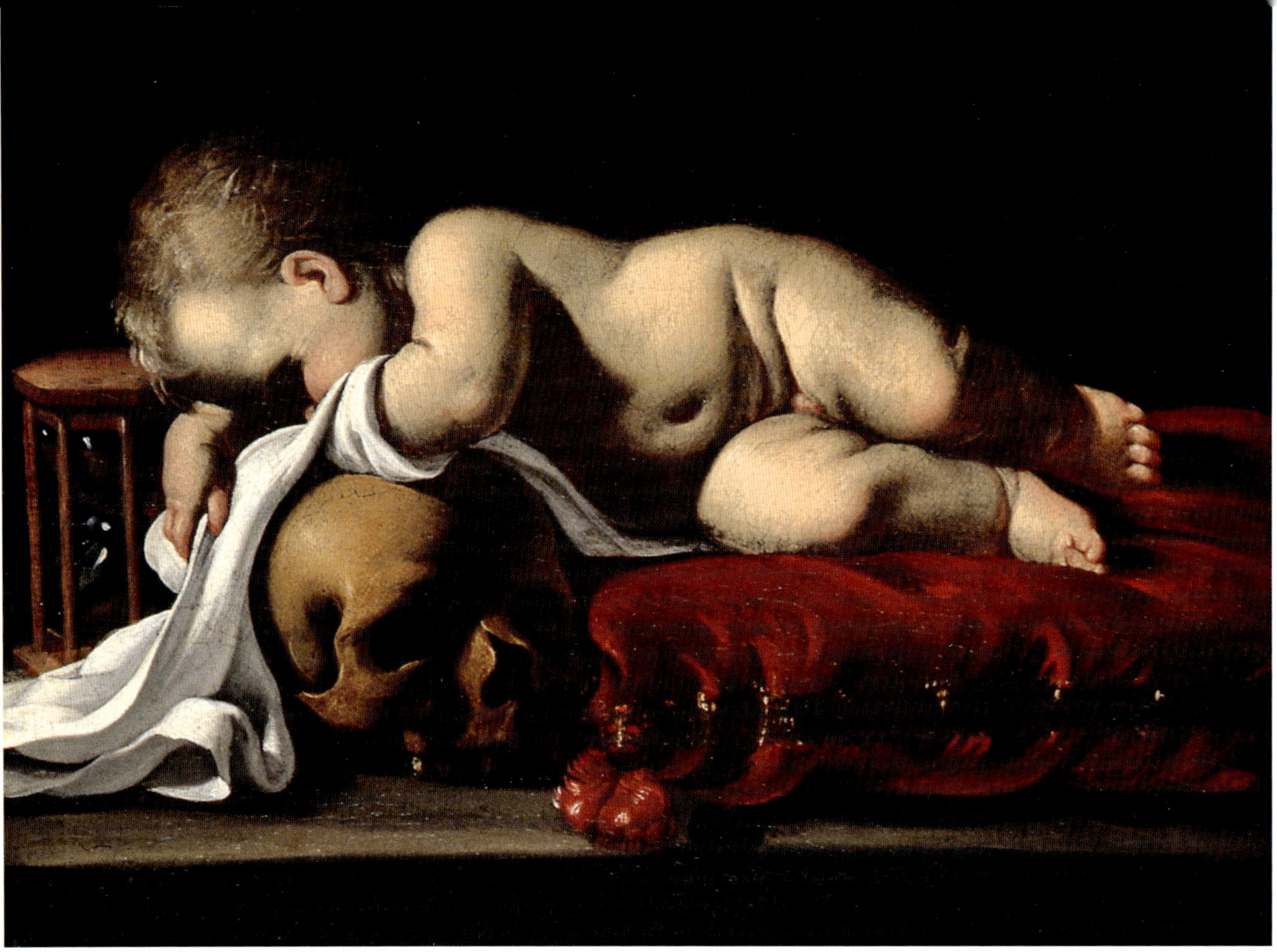

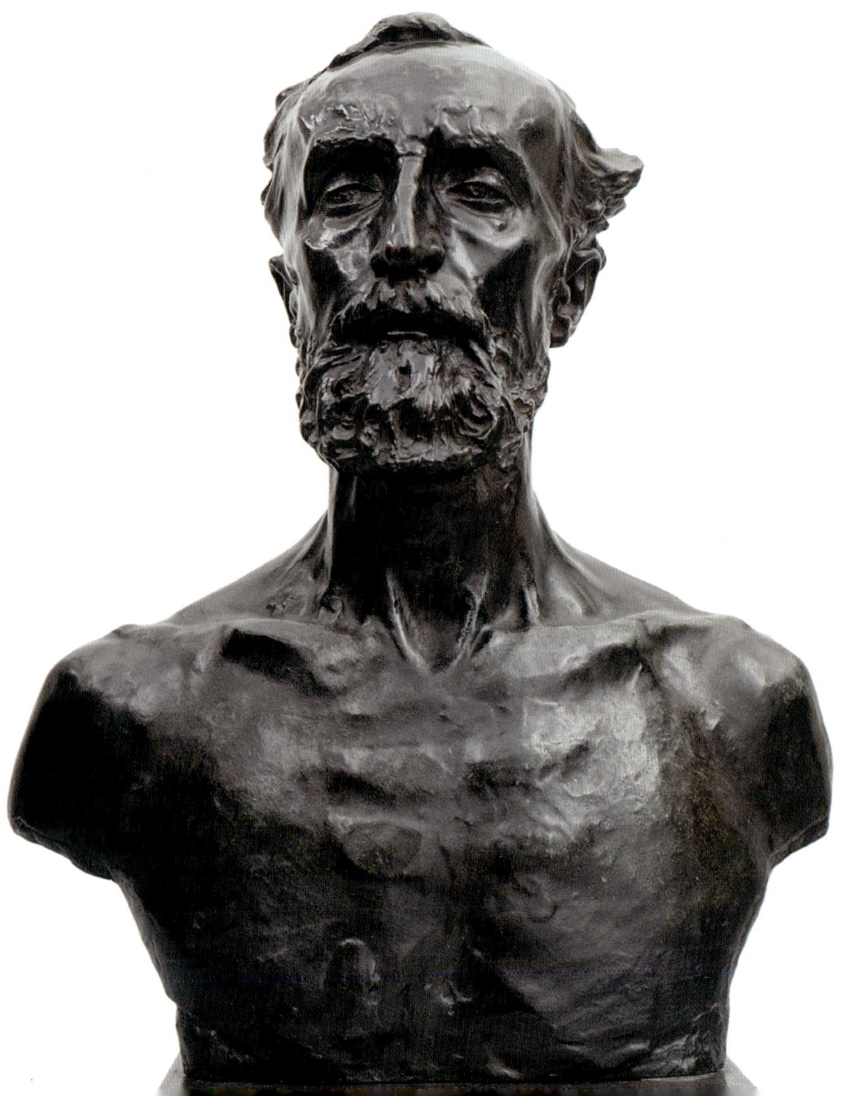

privilégiées, dont le nombre a été conventionnellement réduit à douze. Ces constellations sont appelées zodiaque (du grec *zodion*, figure animale) car elles sont pour la plupart symbolisées par un animal – bélier, lion, poisson, etc. L'intérêt pour les signes du zodiaque est né dans le Moyen-Orient. Puis il a gagné la Grèce et, tardivement, l'Égypte. Celle-ci est présente à travers le moulage du fameux zodiaque du temple de Denderah (Ier siècle avant Jésus-Christ), découvert par Vivant Denon lors de l'expédition d'Égypte. Pour la plupart des civilisations, le zodiaque régit le destin des hommes et même le sort du monde. C'est pourquoi on le trouve associé à une multitude d'objets. Par exemple, sur une coupelle syrienne servant à préparer des médicaments (XIVe siècle), il offre la garantie du Ciel à la bonne confection du remède... Le célèbre globe céleste créé, avec son pendant terrestre, pour la cour de France en 1683, montre les constellations présentes dans le ciel le jour de la naissance de Louis XIV.

Autre grand thème de cette première section, le cycle des saisons qui subdivisent l'année a traversé les civilisations. Cependant, toutes n'ont pas adopté le rythme quaternaire. Ainsi l'Égypte antique ne comptait-elle que trois saisons, correspondant à la crue du Nil, à sa décrue et au temps des récoltes. Les traditions littéraires de la Grèce identifièrent deux saisons puis trois, avant d'en compter enfin quatre, comme sur le relief de la collection Albani, réplique romaine d'un original du IIIe ou IIe siècle avant Jésus-Christ. Dès lors, le cycle des quatre saisons devient, pour des siècles, l'un des thèmes les plus fréquents de l'art occidental. Les curieuses compositions du peintre Lelio Orsi en donnent au XVIe siècle une version particulièrement complexe, suggérant de multiples lectures. Outre les travaux des champs, les saisons déroulaient le calendrier des fêtes religieuses et les divertissements profanes, réjouissances populaires dont on trouve la trace dans la plupart des cultures anciennes.

Les âges de l'homme

Consacrée au temps linéaire, la seconde partie s'ouvre sur la vie humaine, du berceau au tombeau. Les stèles funéraires comptabilisent les années passées sur terre. L'une d'elles a retenu la mémoire de deux enfants, Dexiphanès et Hermès, et de leur pédagogue Thrasôn, disparus dans le tremblement de terre de Nicomédie (vers 120). Tous trois sont représentés à l'heure de leur mort, les enfants vêtus de la toge des citoyens romains, l'homme de la tunique des esclaves.

Une galerie de portraits marque le passage du temps sur les visages. Chacun porte avec précision l'âge du modèle, qu'il s'agisse d'Abel de Pujol se peignant lui-même, du masque mortuaire qu'a fait Jean-Baptiste Carpeaux de son frère Charles ou des trois portraits réalisés par Claude Closky en 1991-1992. Du vieillissement du corps à l'allégorie du Temps, il n'y a qu'un pas ; celui-ci est presque toujours représenté sous les traits d'un vieillard ou sous la forme de vanités. Un crâne, des objets symboliques comme le sablier y invitent l'homme à méditer sur le caractère inéluctable de sa fin.

Page de gauche :
Luigi Miradori (attribué à),
Memento mori,
seconde moitié du XVIIe siècle, huile sur toile, 37,4 x 49,5 cm, Arras, musée des Beaux-Arts.

Auguste Rodin,
Buste de Jules Dalou,
1883, bronze, Roubaix, La Piscine, musée d'Art et d'Industrie André Diligent.

Ci-dessous :
Moggiel Versteeg,
Effet de nuit,
Bergues, Musée municipal, 18 x 25,5 cm.

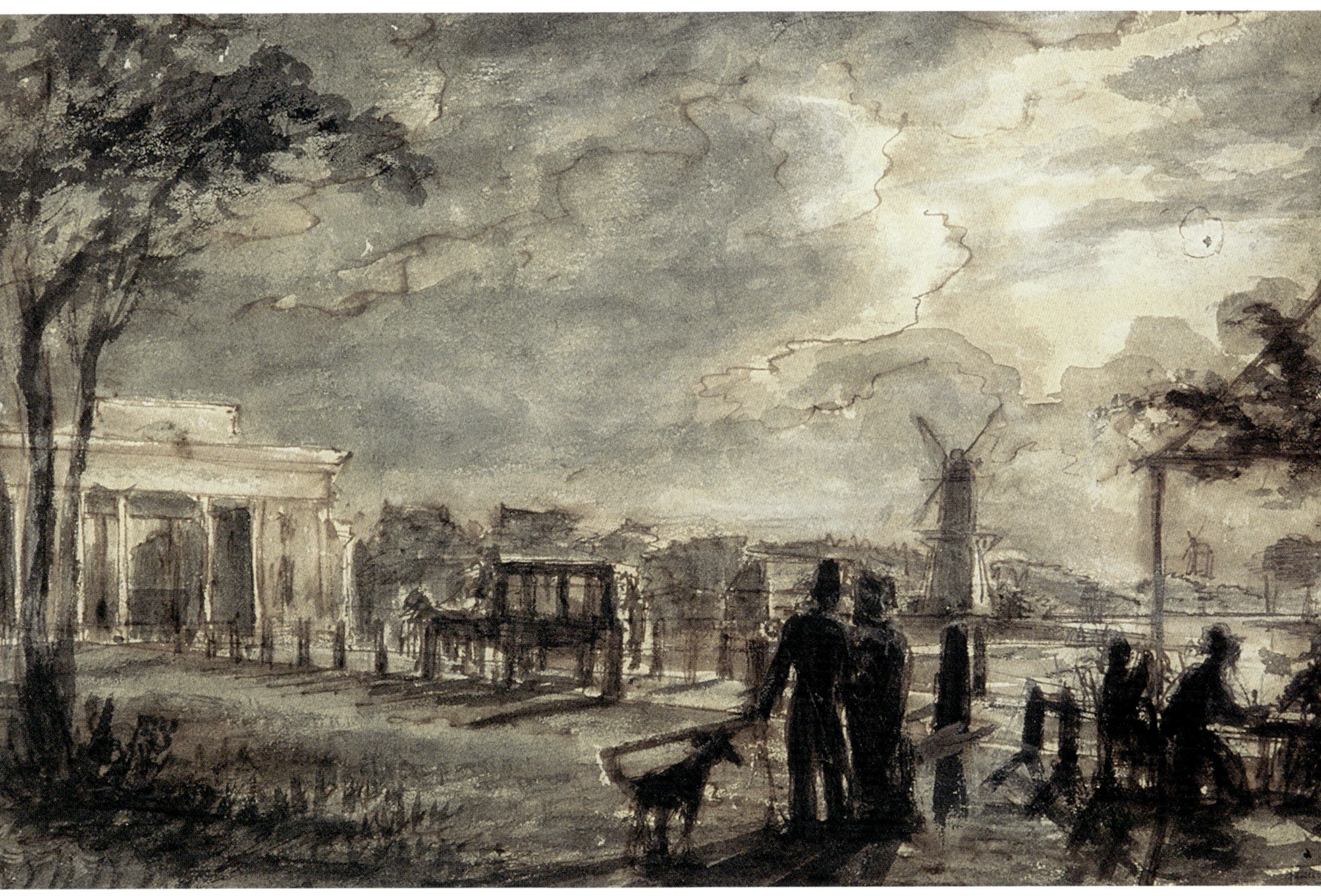

Renaissance

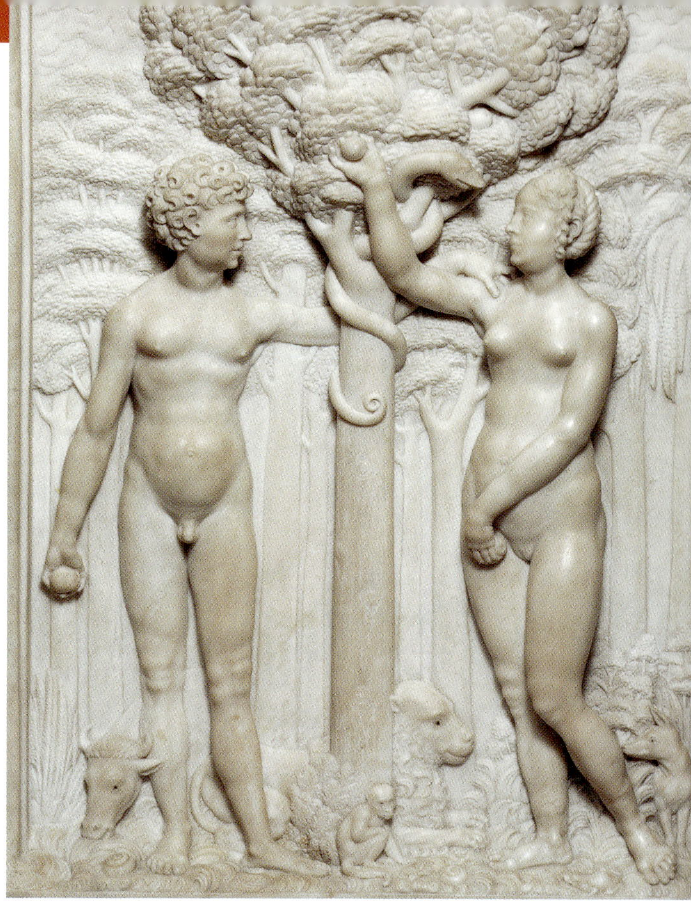

Philosophie, littérature, arts, science, musique, le vaste mouvement qu'on nomme Renaissance embrasse tous ces domaines et bien d'autres encore. Première exposition temporaire du Louvre-Lens, « Renaissance. Révolutions dans les arts en Europe, 1400-1530 » limite à l'art son champ d'investigation, tout en proposant de nombreuses ouvertures vers les autres disciplines. En cette époque d'extraordinaires mutations, non seulement les peintres sont parfois orfèvres ou sculpteurs, mais les artistes sont souvent des savants à la pointe des connaissances anatomiques, voire des écrivains ou des poètes... À tout seigneur tout honneur, l'Italie du XVe siècle ouvre la manifestation, et à sa tête Florence, fer de lance du mouvement artistique et intellectuel. Phénomène capital de la période, riche de conséquences pour l'art des siècles à venir, l'intérêt nouveau porté à l'Antiquité grecque et romaine par les humanistes s'étend, par-delà l'architecture et la sculpture, à l'étude des textes anciens. Venise, Rome, Milan constituent d'autres foyers majeurs de cette culture, qui se diffuse dans l'ensemble de la péninsule et dans l'Europe entière. Plus que jamais, les artistes voyagent, les idées, les formes et les œuvres circulent. Quoique politiquement sans lendemain, la chevauchée de Charles VIII en Italie a pour conséquence l'arrivée d'artistes italiens en France. En 1527, le sac de Rome par les troupes de Charles Quint provoque une diaspora artistique à travers tout le continent. Confirmant le musée lensois dans sa qualité d'« autre Louvre », la *Sainte Anne* de Léonard de Vinci constitue le prêt le plus spectaculaire consenti par le musée parisien. Les quelque deux cent soixante-dix œuvres qui l'accompagnent proviennent elles aussi majoritairement du Louvre, la Bibliothèque nationale ayant prêté un ensemble de livres d'anatomie, et le musée de la Renaissance à Écouen des éléments de décor intérieur, céramiques et boiseries. Absents de la Galerie du temps pour des raisons de conservation, les arts graphiques, estampes et dessins occupent ici une place de choix, avec des chefs-d'œuvre de Pisanello, Paolo Uccello, Dürer, Michel-Ange et Raphaël. J. C.

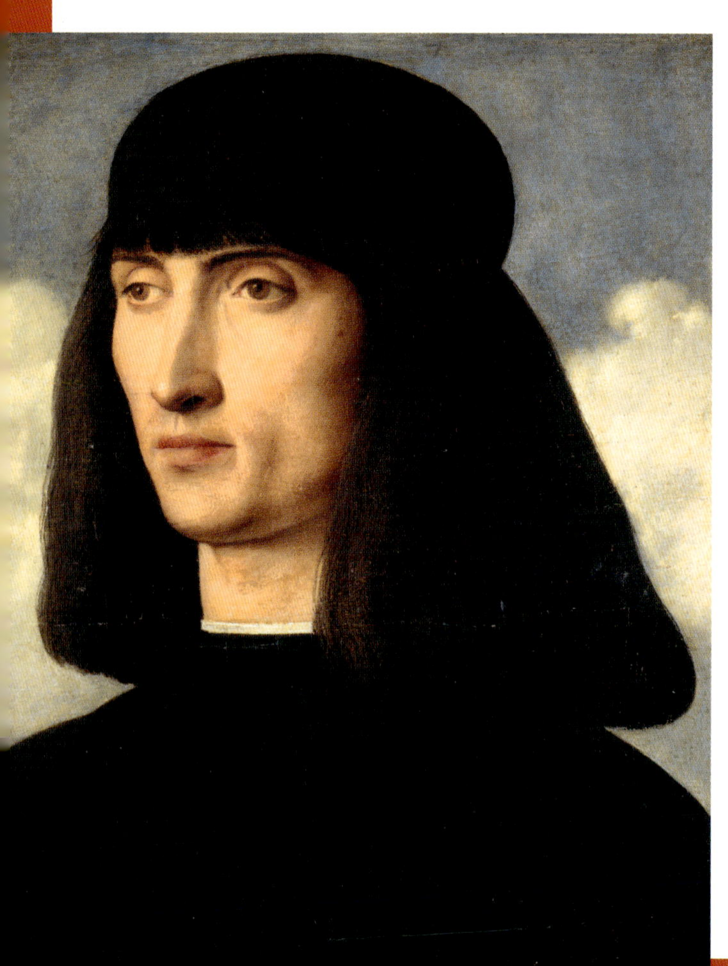

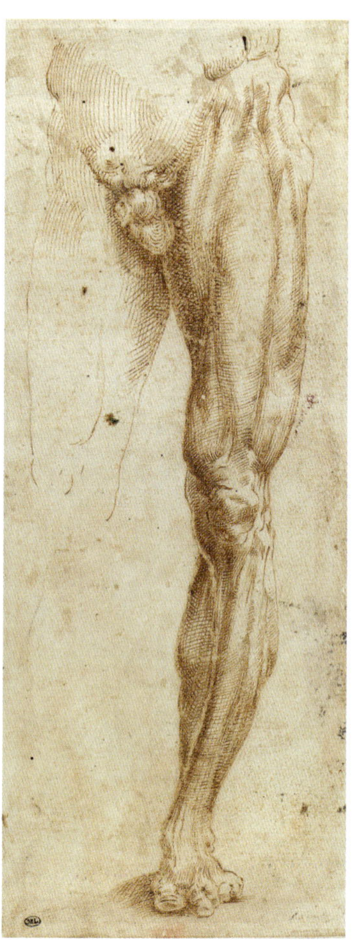

Ci-dessus :
Conrad Meit (entourage de),
Adam et Ève,
vers 1530, marbre,
48 x 37 x 7 cm.

À gauche :
Giovanni Bellini,
Portrait d'homme,
vers 1490-1495, huile sur bois, 32 x 25 cm.

À droite :
Michel-Ange,
Étude de la partie inférieure d'un homme nu,
XVe-XVIe siècle, encre brune, plume, 31 x 11,7 cm.

Page de droite :
Léonard de Vinci,
La Vierge, l'Enfant Jésus et sainte Anne,
vers 1510, huile sur bois,
168 x 130 cm.

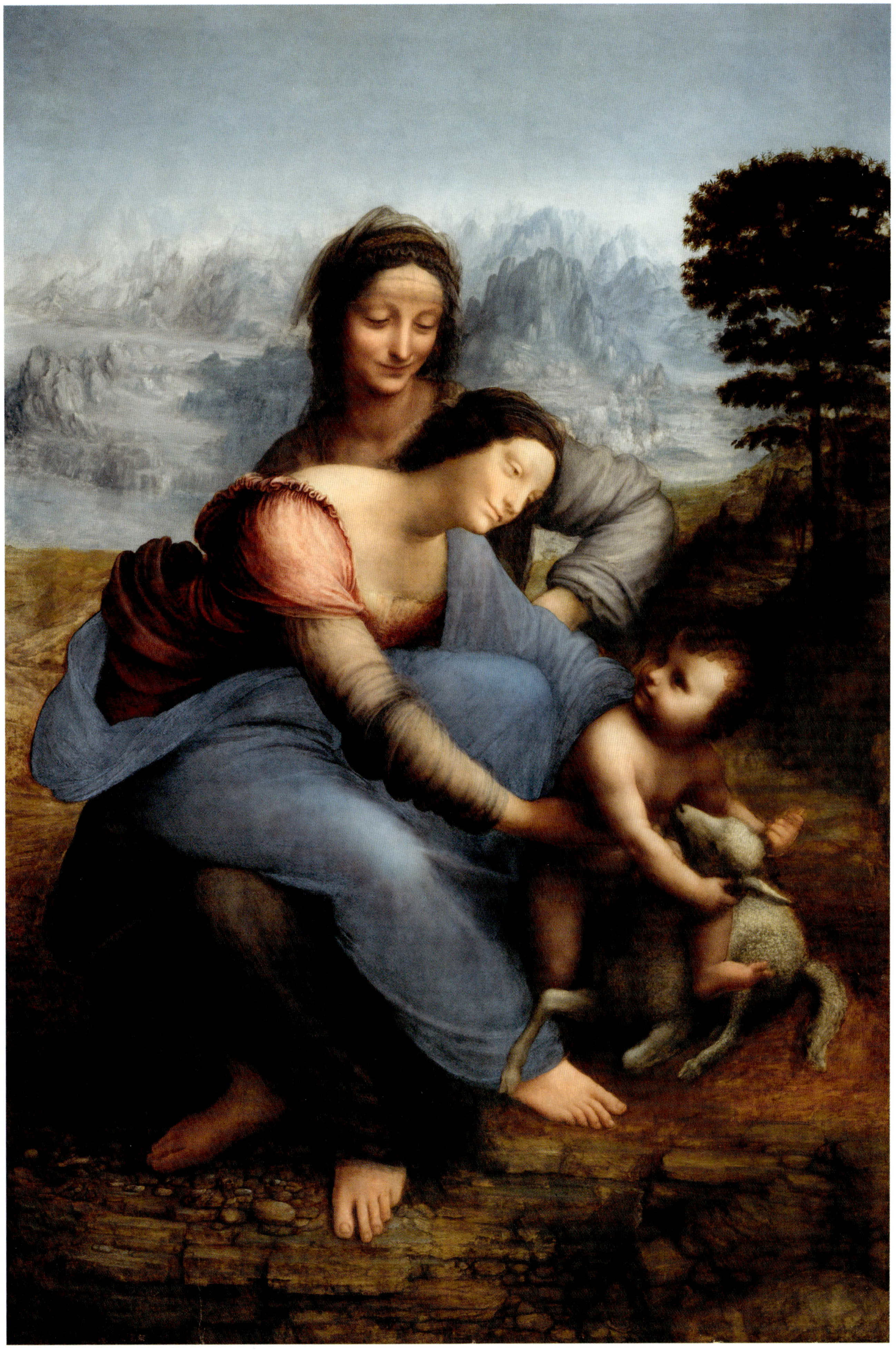

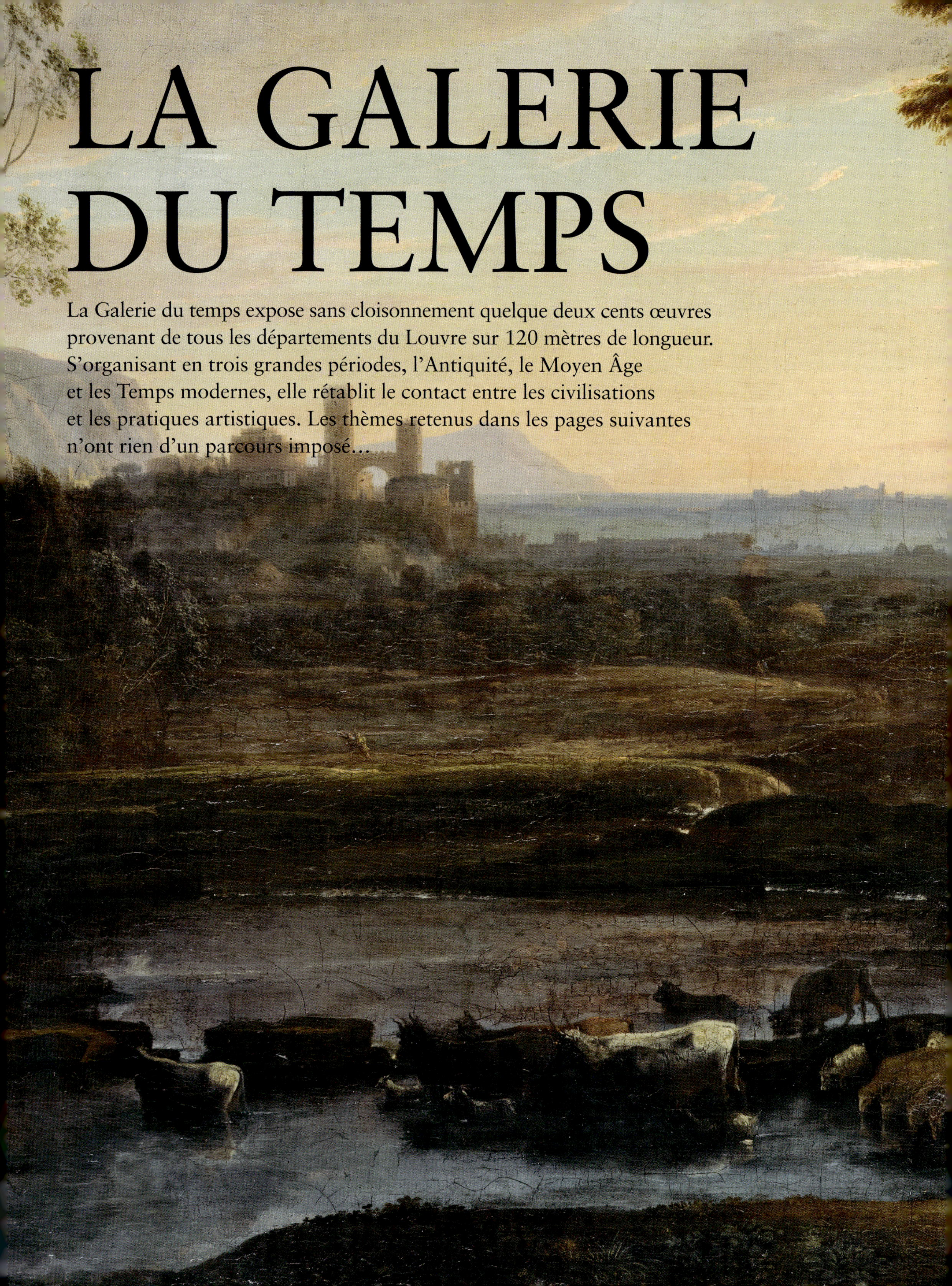

LA GALERIE DU TEMPS

La Galerie du temps expose sans cloisonnement quelque deux cents œuvres provenant de tous les départements du Louvre sur 120 mètres de longueur. S'organisant en trois grandes périodes, l'Antiquité, le Moyen Âge et les Temps modernes, elle rétablit le contact entre les civilisations et les pratiques artistiques. Les thèmes retenus dans les pages suivantes n'ont rien d'un parcours imposé…

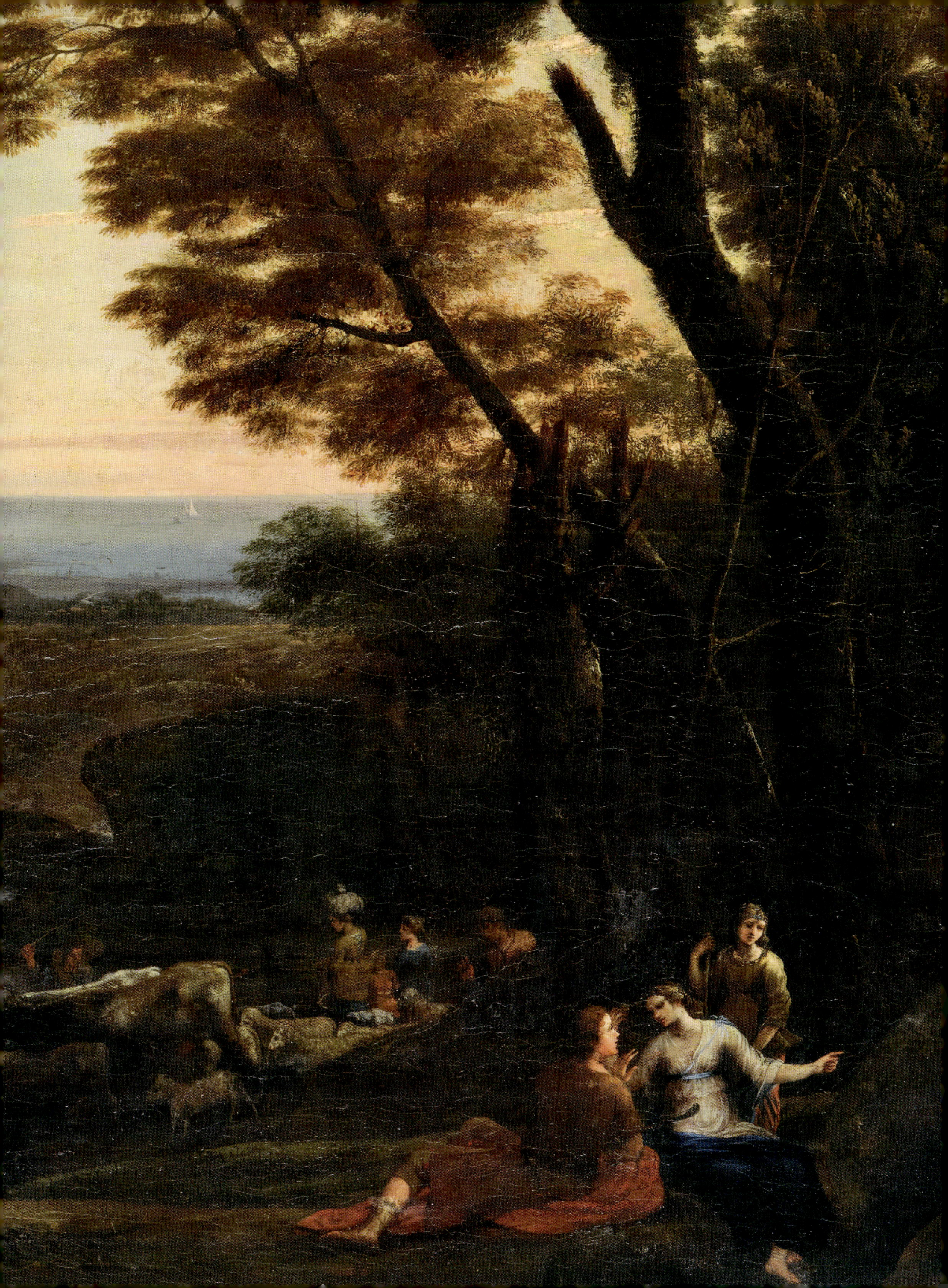

GALERIE DU TEMPS / Idoles

Le nom par lesquelles on les désigne habituellement, « idoles », a donné à certaines figurines antiques une aura de mystère et de religiosité. Il faut pourtant avouer qu'on ignore presque tout de la destination et de la fonction originelle de ces œuvres. Tout au plus sait-on qu'aux origines de l'art, on ne créait pas pour le simple plaisir de contempler un bel objet, et qu'une fonction magique les animait. Le troisième millénaire avant notre ère vit s'épanouir en Méditerranée orientale des civilisations qui, quoique contemporaines de l'Égypte de l'Ancien Empire et de Sumer, appartenaient à des univers très différents. Contrairement à celles-ci, elles étaient encore préhistoriques car elles ignoraient l'écriture. Petites îles de la mer Égée, situées entre l'Anatolie et la Grèce continentale, les Cyclades développèrent pour la première fois dans le monde grec la taille du marbre. Il fallut attendre le xxe siècle et la naissance de l'art abstrait pour que les qualités esthétiques de ces effigies découvertes par centaines soient pleinement reconnues.

En Syrie, le site de Tell Halaf a donné son nom à une civilisation née au quatrième millénaire. L'influence de la Mésopotamie y a favorisé le travail du métal et l'élaboration de l'écriture. L'impressionnante *Idole aux yeux* appartient à un groupe de statuettes dont les formes géométriques confinent à l'abstraction. S'agit-il d'un outil de filage, d'un objet de culte ? Tout aussi mystérieuses, les idoles-cloches aux jambes mobiles retrouvées dans des tombes en Béotie (Grèce) étaient sans doute destinées à être suspendues.

J. C.

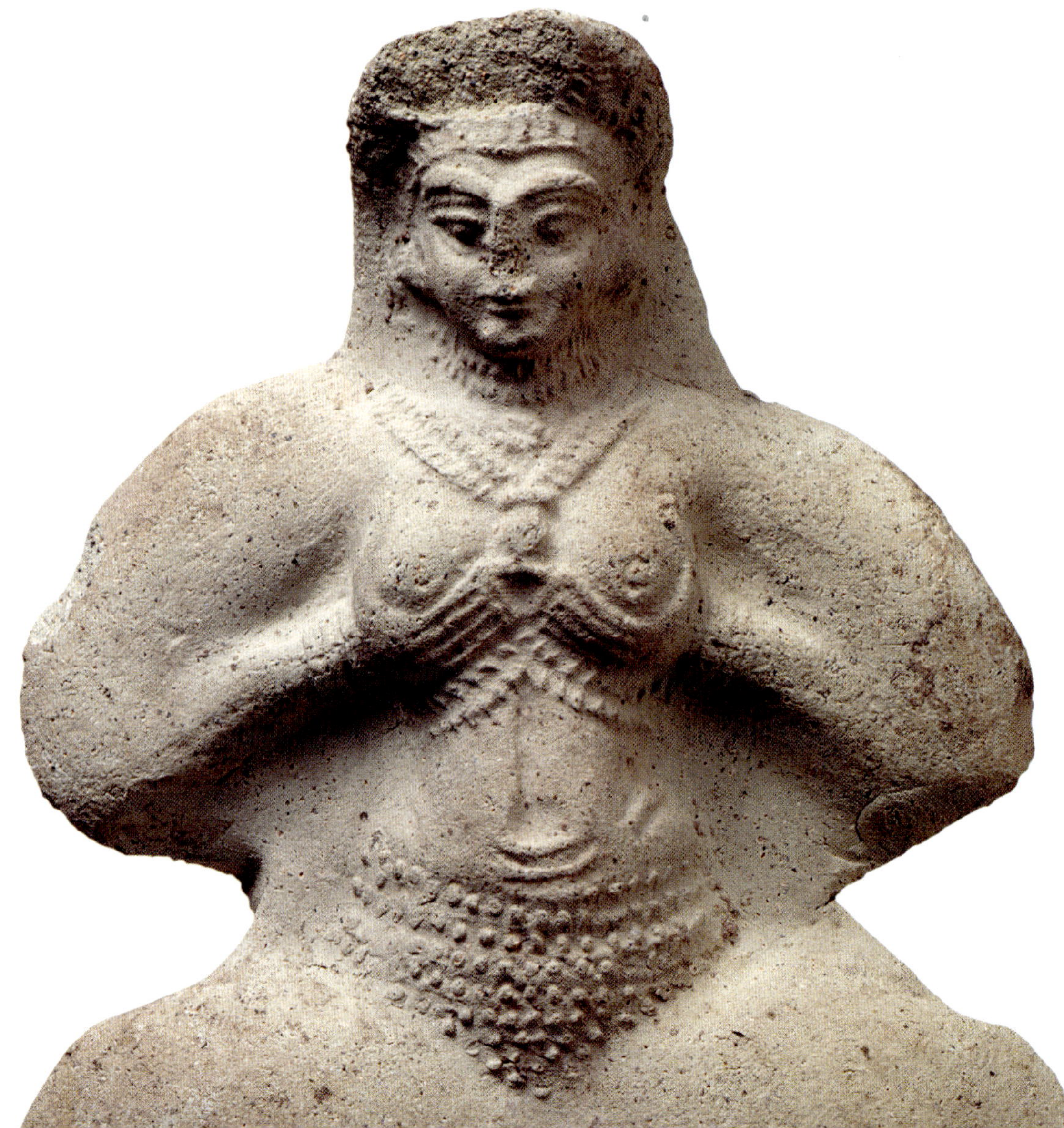

Double page précédente : Claude Gellée dit Le Lorrain, **Paysage avec Pâris et Œnone, dit Le Gué**, détail, 1648, huile sur toile, 118 x 150 cm.

Ci-dessus et ci-contre : **Figurine féminine nue** coiffée d'un diadème et parée de bijoux, Suse, Élam (Iran actuel), 1300-1100 av. J.-C., terre cuite, h. 16,2 cm.

Page de droite, de gauche à droite et de haut en bas : **idole féminine nue aux bras croisés**, Cyclades, 2700-2300 av. J.-C., marbre, h. 62,8 cm.

Idole féminine en forme de cloche, objet votif ou funéraire destiné à être suspendu, Béotie, vers 700 av. J.-C., terre cuite, h. 33 cm.

Idole aux yeux, civilisation de Halaf, Syrie, 3300-3000 av. J.-C., terre cuite, h. 27 cm.

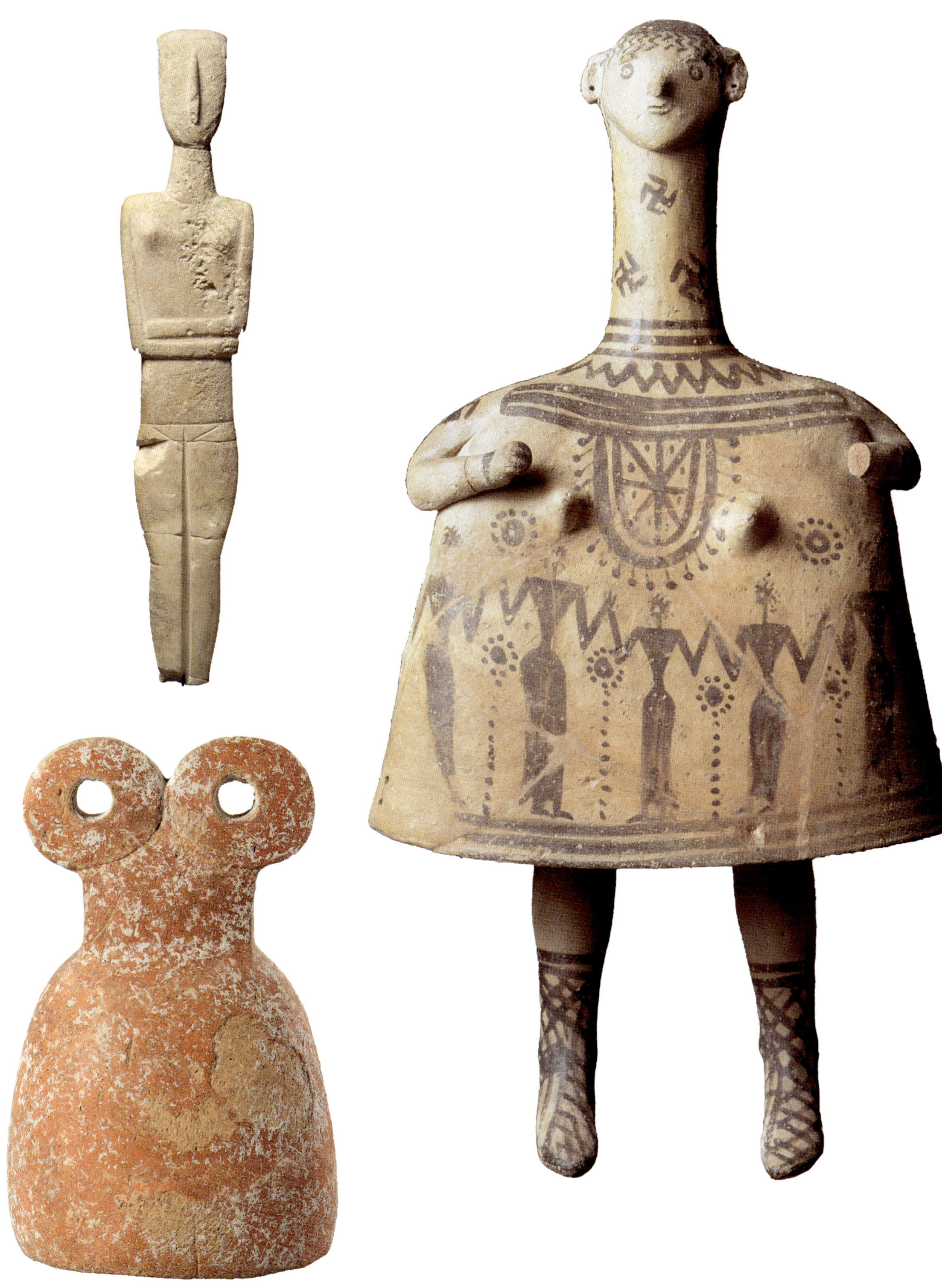

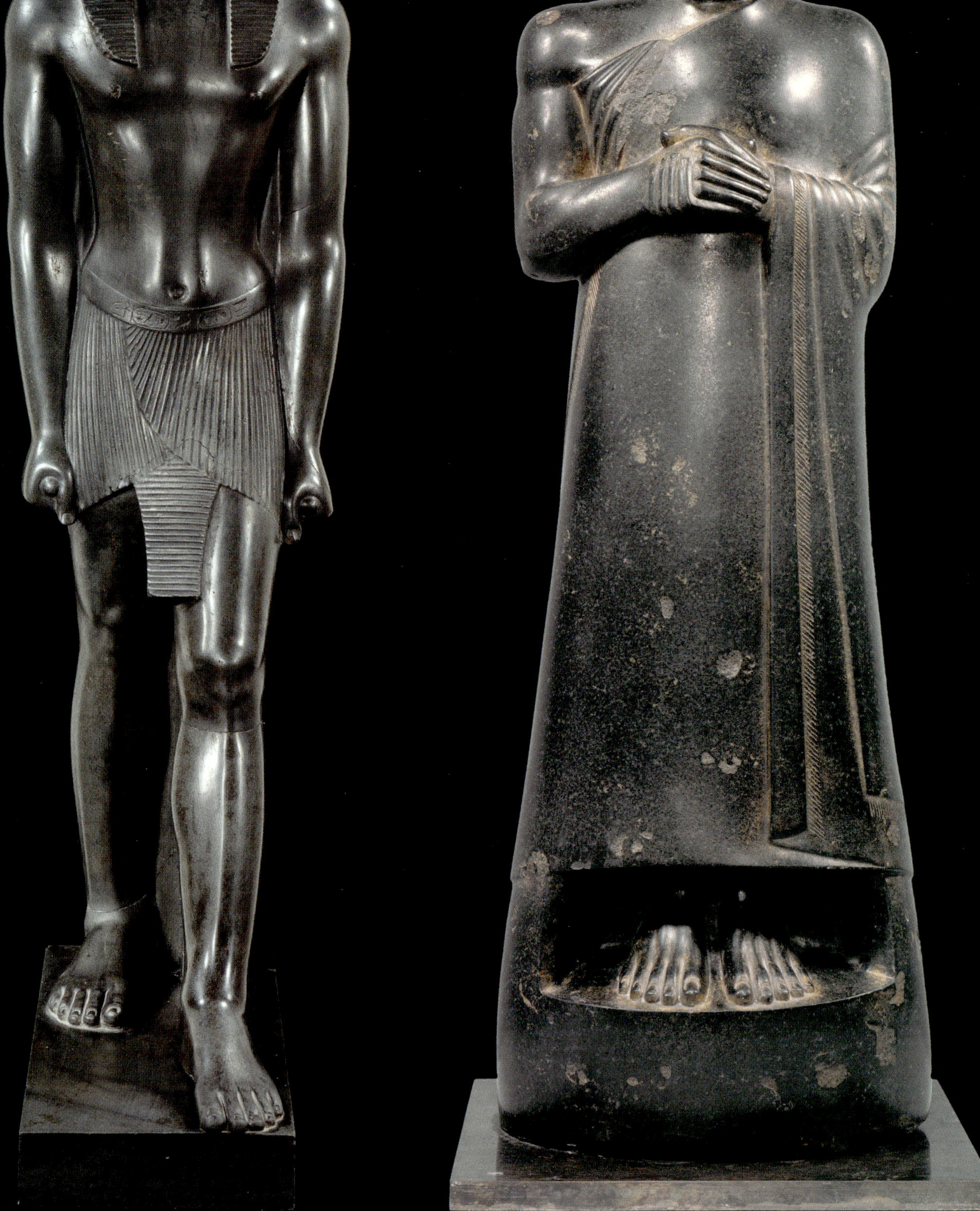

Figures du pouvoir

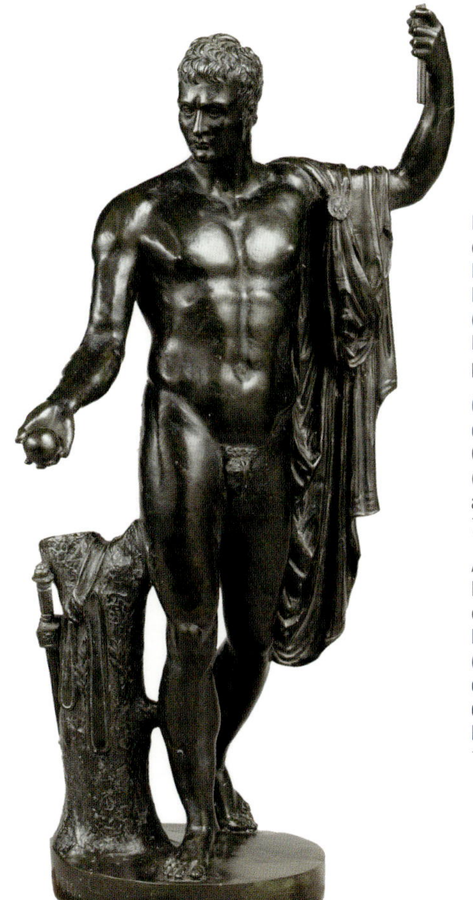

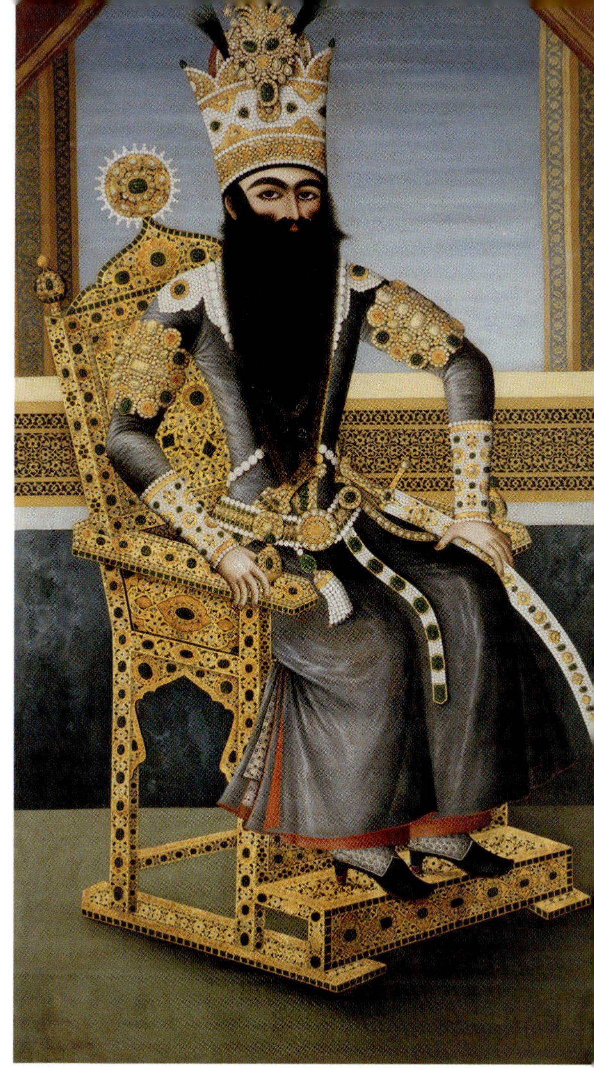

Page de gauche, de gauche à droite : **le pharaon Psammétique II (595-589 av. J.-C.)**, Égypte, vers 590 av. J.-C., pierre, h. 83,5 cm.

Gudéa, prince de l'État de Lagash, Girsu (Tello), Mésopotamie (Iraq actuel), vers 2120 av. J.-C., diorite, 70,5 x 22,4 cm.

À gauche : Francesco Righetti, d'après Antonio Canova, **Napoléon Bonaparte (1769-1821), empereur des Français de 1804 à 1815 sous le nom de Napoléon Ier**, 1810, bronze, h. 41,5 cm.

À droite : attribué à Mihr Ali, **Fath Ali Shah (1797-1834), souverain iranien de la dynastie Qadjar**, vers 1805, huile sur toile, 227 x 131 cm.

Ci-dessous : **Marc-Aurèle, empereur romain (161-180)**, Rome (?), vers 160 apr. J.-C., marbre, h. 210 cm.

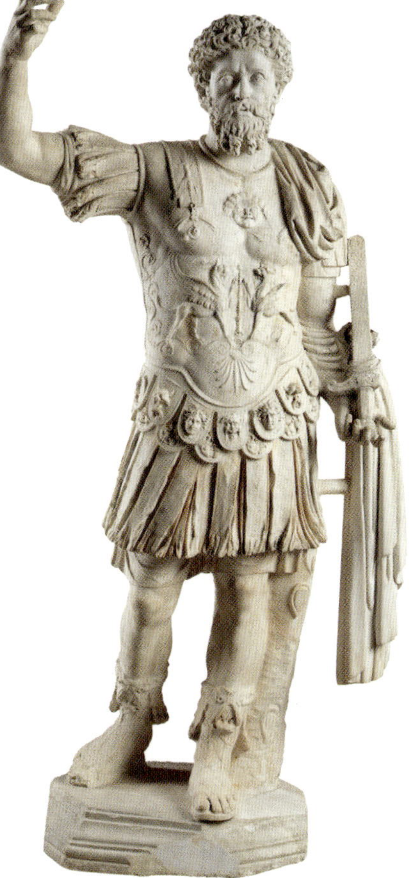

Prince sumérien qui régna vers 2120 avant Jésus-Christ, Gudéa afficha sa dévotion en construisant de nombreux temples et en se faisant représenter dans l'attitude de la prière et du recueillement. Taillée dans une pierre dure, la diorite, cette statuette d'une imposante raideur traduit sa force et sa puissance. Un même hiératisme archaïque fige la statue du pharaon Psammétique II, qui régna de 595 à 589 avant Jésus-Christ, mais ici, il est un emprunt conscient aux grands styles du passé égyptien, faisant rejaillir sur ce souverain de la Basse Époque le prestige de l'Ancien et du Moyen Empires.

Si la statue de l'empereur Marc-Aurèle exprime l'autorité d'un chef de guerre haranguant son armée, elle révèle aussi, dans le traitement du visage, une volonté d'humaniser le modèle. L'empereur-dieu fait place au souverain philosophe, auteur des fameuses *Pensées*. C'est au contraire en dieu vivant que Canova choisit de représenter Napoléon, nouvelle incarnation de la dignité impériale. Dans ce dessein, la nudité à l'antique s'imposait. Mais le gigantesque marbre, inspiré d'une statue de l'empereur Auguste, fut refusé pour son incongruité. Racheté par l'Angleterre, il alla orner la demeure londonienne de Wellington, le vainqueur de Waterloo... Bien loin de ces références antiques, le portrait de Fath Ali Shah, figé sur son trône, évoque davantage l'art hiératique de Byzance. Le souverain persan en fit présent à Napoléon, dont il fut l'éphémère allié contre la Russie.

J. C.

GALERIE DU TEMPS / Beautés corporelles

Ci-dessous :
Pérugin,
Saint Sébastien,
vers 1490-1500, huile sur bois, 176 x 116 cm.

À droite :
d'après Naucydès,
Athlète tenant un disque,
copie romaine d'un discophore en bronze, vers 130-150, marbre, h. 167 cm.

En bas à droite :
Jeune homme nu (*kouros*),
statue provenant du sanctuaire d'Asclépios, dieu de la médecine, Paros (Cyclades), vers 540 av. J.-C., marbre, h. 130 cm.

Page de droite, de haut en bas :
Étienne-Maurice Falconet,
La Baigneuse,
1757, marbre, 80,5 x 25,7 cm.

Lambert Sustris,
Vénus et l'Amour,
vers 1550, huile sur toile, 132 x 184 cm.

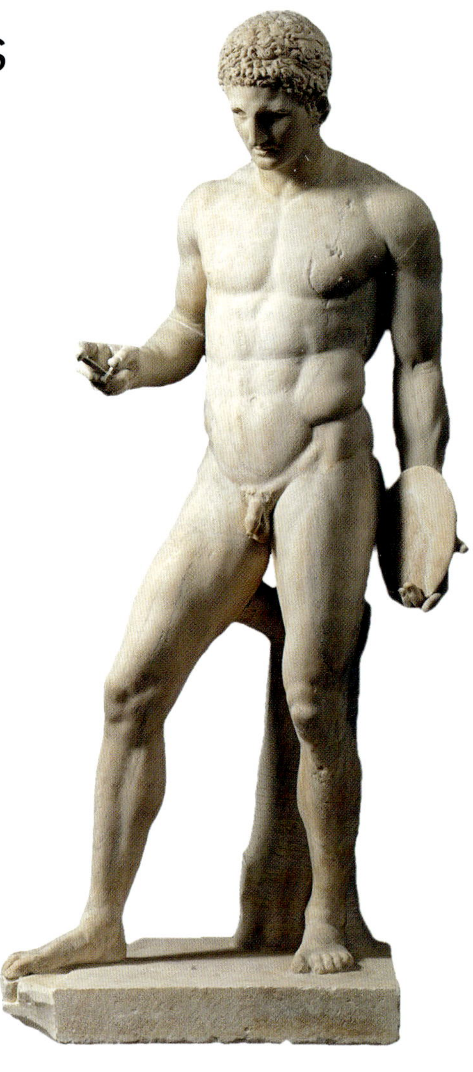

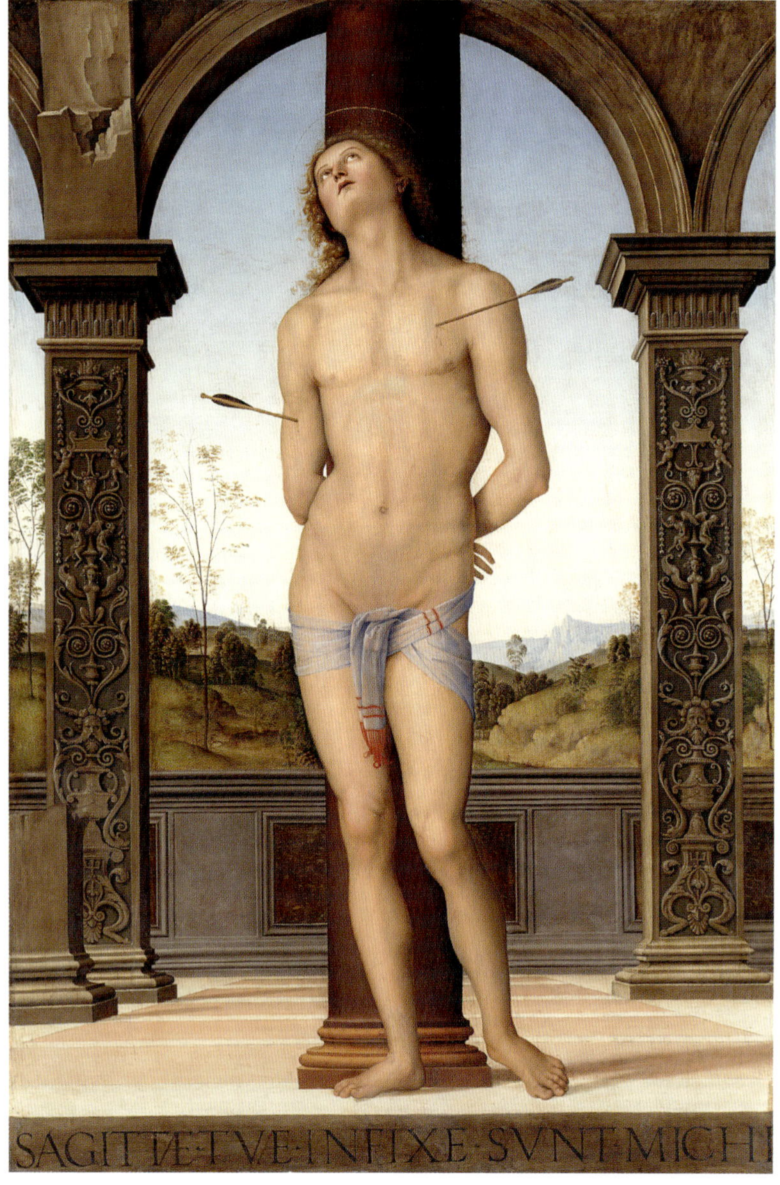

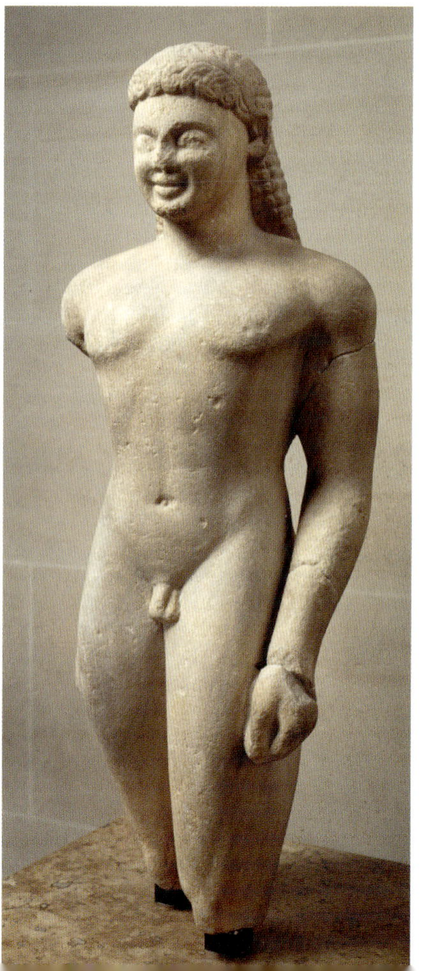

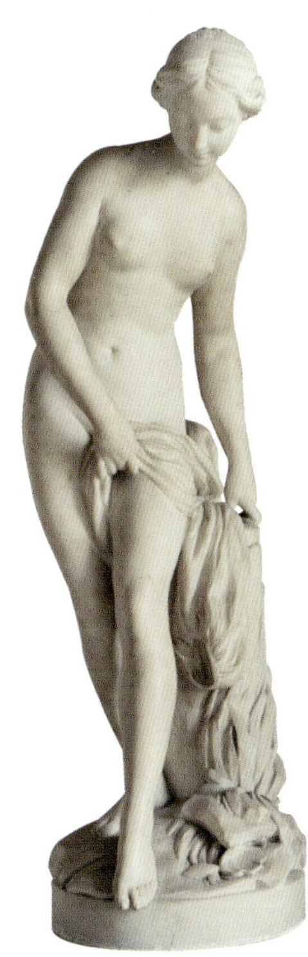

Le souvenir de l'art égyptien flotte sur les premiers nus grecs, empreints de raideur et de gravité. Mais l'on y perçoit déjà un souci des proportions et une recherche de la forme parfaite. Au cours des siècles, celle-ci va s'adoucir, grâce à l'observation directe du corps humain, de la saillie de ses muscles, de la complexité de ses articulations. Si les grands bronzes grecs de l'âge classique ont été détruits, ces chefs-d'œuvre nous sont connus grâce à leurs copies en marbre d'époque romaine, comme l'*Athlète tenant un disque*. C'est à ces copies que se réfèrent les grands artistes italiens de la Renaissance, plaçant à nouveau la nudité héroïque au cœur du projet artistique.

Le thème du supplice de saint Sébastien, soldat romain converti au christianisme, offre à Pérugin l'occasion de montrer sa connaissance des modèles antiques, dans la représentation d'un nu harmonieux et savant. Le Hollandais Sustris traduit la même fascination pour l'Antiquité dans *Vénus et l'Amour*. Vénitien d'adoption, il enveloppe la déesse d'une sensualité héritée de son maître, le grand Titien. Deux siècles plus tard, la *Baigneuse* de Falconet tempère la référence à l'idéal gréco-romain par une attitude naturelle et gracieuse : c'est une jeune fille et non plus une déesse, épiée dans son intimité. J. C.

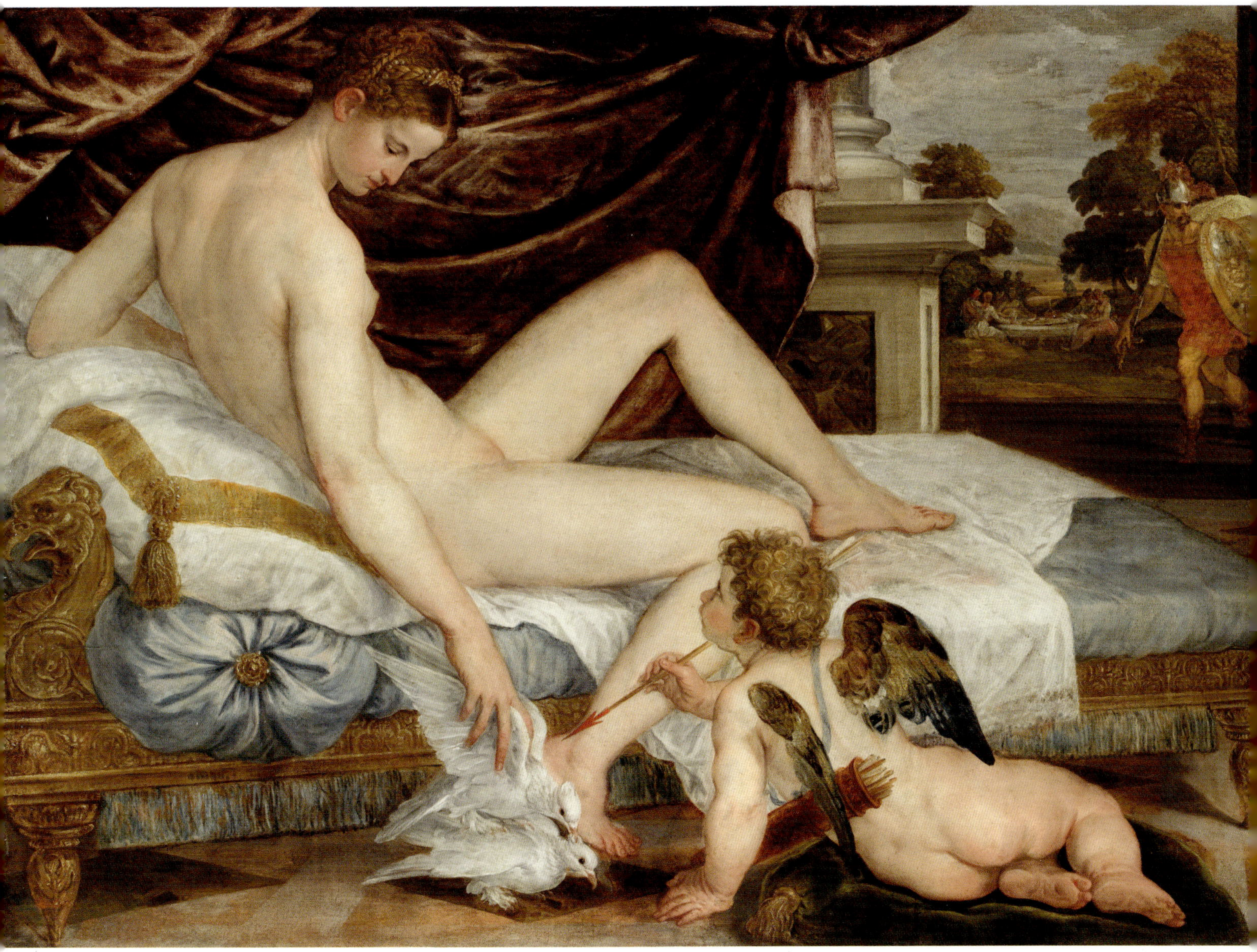

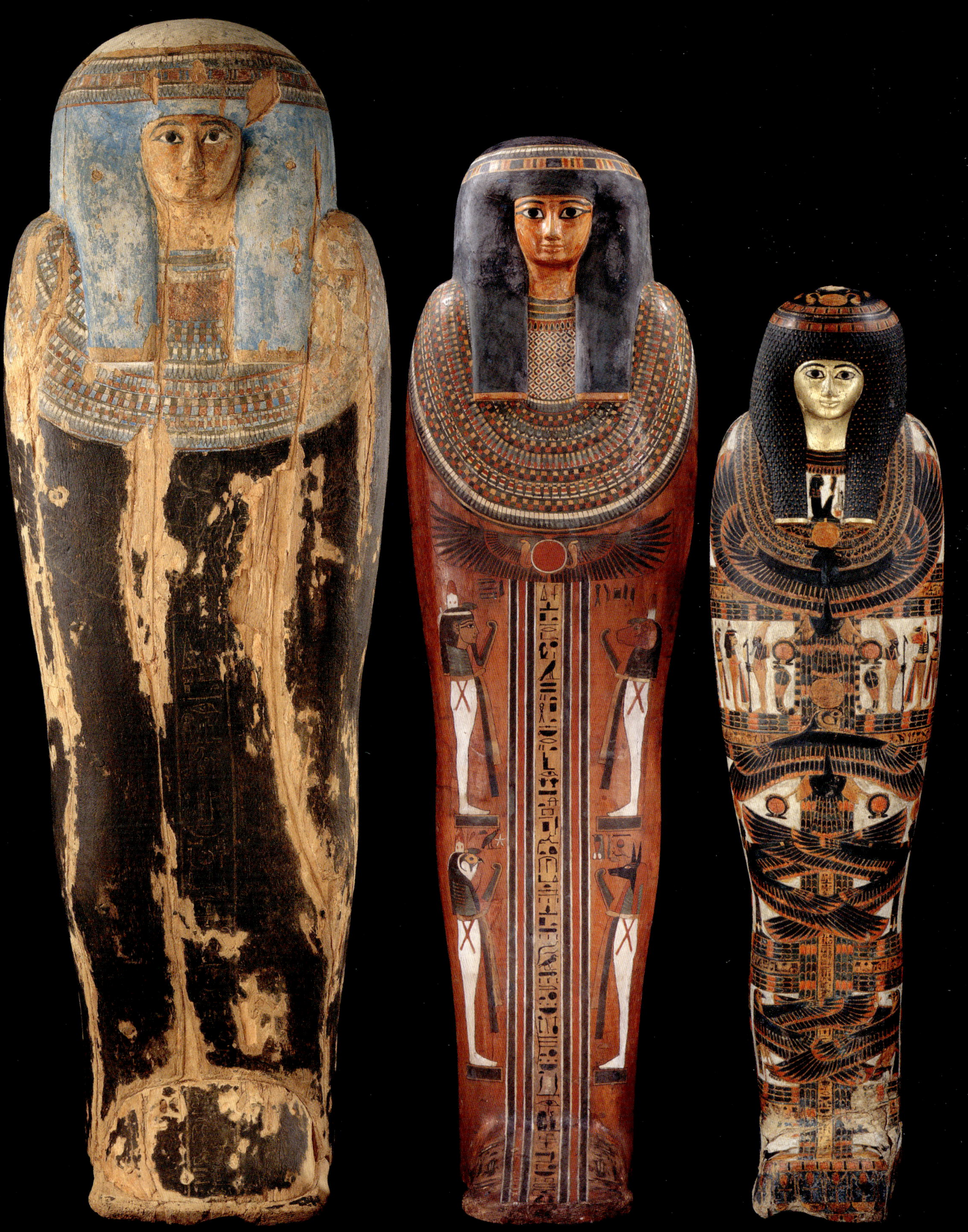

GALERIE DU TEMPS / Rites funéraires

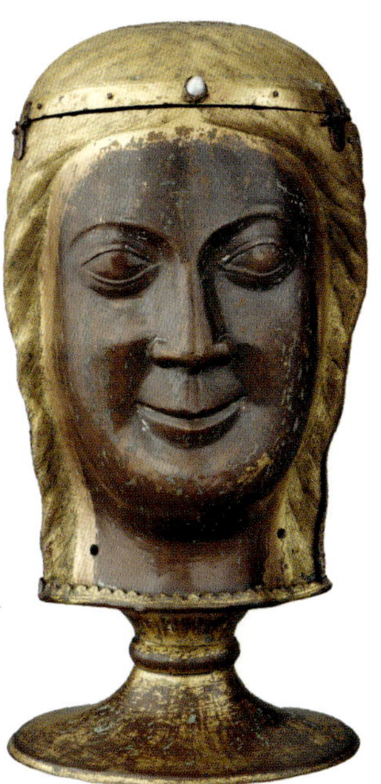

Chaque civilisation entoure de rituels le dernier passage, favorisant l'harmonieuse séparation entre les vivants et les morts. Pour les Égyptiens, la survie de l'âme dans l'au-delà dépend de la parfaite préservation du corps du défunt. Embaumé et enroulé de bandelettes, celui-ci est enfermé dans une série de sarcophages anthropomorphes. Des formules magiques et des incantations inscrites dans la chambre mortuaire favorisent son voyage vers l'autre monde. Au cours des siècles, ces préparatifs savants et dispendieux, d'abord réservés au pharaon, furent étendus à la noblesse et aux classes aisées. D'autres peuples, comme les Étrusques, procèdent à la crémation du corps et recueillent ses cendres dans une urne. Hanté par la peur de la mort subite, le Moyen Âge occidental promeut l'idéal de la « bonne mort ». Elle seule permet de faire la paix avec le Seigneur. Sur les tombeaux des nobles et des preux, les gisants sculptés, yeux ouverts et mains jointes dans la prière, traduisent la béatitude de la paix retrouvée. Avec la Renaissance, les artistes humanistes découvrent l'art de l'Antiquité et la beauté du corps humain. Émancipée des vieilles terreurs religieuses, l'admirable effigie de bronze de Jean Goujon est d'abord l'affirmation d'un *credo* artistique. La force et la subtilité du relief de bronze donnent une vitalité paradoxale à ce défunt, chef-d'œuvre qui ne craint pas de se mesurer aux grandes réalisations des sculpteurs grecs et romains. J. C.

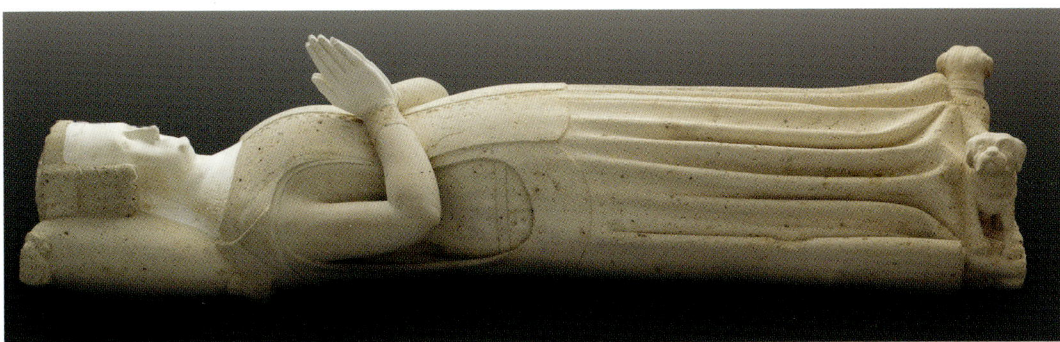

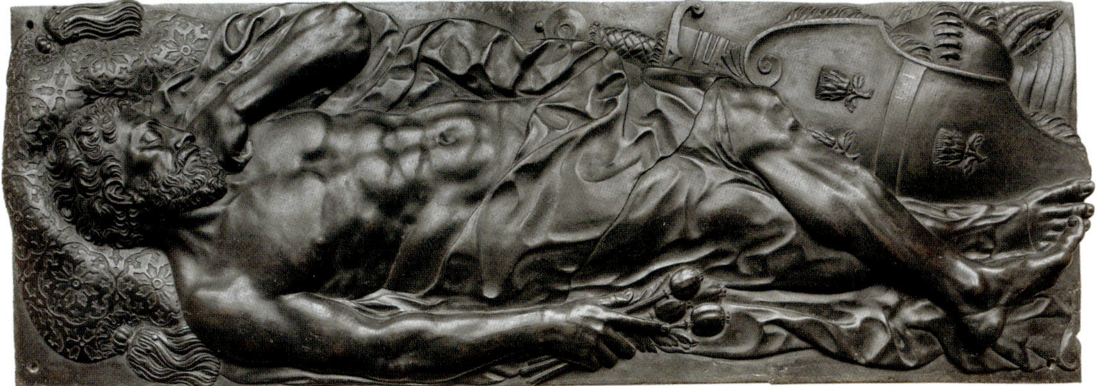

Page de gauche : **sarcophage de la dame Tanetmit**, enveloppe de momie, cercueils intérieur et extérieur, Thèbes (?), Égypte, 945-715 av. J.-C., bois polychrome, toile stuquée et peinte, 213 x 75 x 44 cm (couvercle) ; 195 x 58 x 40 cm (intérieur) ; 165 x 43 x 30 cm (intérieur cartonnage).

En haut à gauche : **urne cinéraire à tête féminine et aux bras articulés**, Chiusi (Étrurie), vers 550-500 av. J.-C., terre cuite, h. 50 cm.

Ci-dessus : **chef-reliquaire, vierge martyre (compagne de sainte Ursule ?)**, Limoges, vers 1275-1300, cuivre doré, perle, h. 33 cm.

Ci-contre : **fragment d'un monument funéraire d'une dame inconnue, la défunte couchée (gisante)**, Île-de-France, vers 1380, pierre, albâtre, 53,5 x 175 x 46 cm.

Jean Goujon, **dalle funéraire d'André Blondel de Rocquencourt (mort en 1558)** provenant de l'église des Filles-Pénitentes à Paris, vers 1560, bronze, 60 x 174,5 x 6 cm.

Dévotions

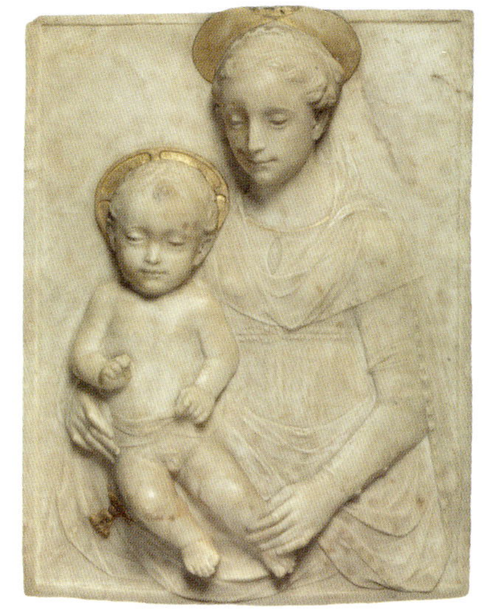

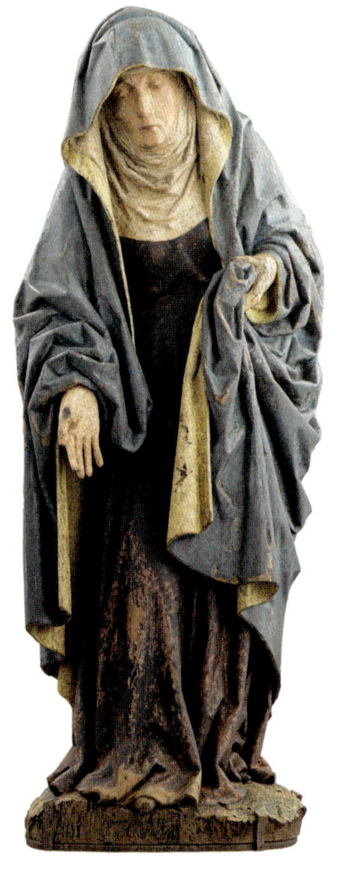

Présente dans les catacombes romaines dès les premiers siècles du christianisme, l'image de la Vierge Marie traverse l'histoire de l'art occidental, inspirant d'innombrables chefs-d'œuvre, depuis les icônes byzantines jusqu'aux Madones de la Renaissance. Mère attendrie portant l'Enfant Jésus sur ses genoux ou Vierge de douleur au pied de la Croix, elle offre aux artistes un répertoire infini. Dans un tableau plein de grâce et de délicate sensualité, Botticelli oppose le naturel de l'enfant à la gravité de la mère. Un voile de tristesse assombrit son visage, dans le pressentiment du sacrifice du Christ. Parmi les images de dévotion présentes dans la Galerie du temps, le panneau montrant saint François d'Assise frappe par ses rares qualités expressives. Il s'agit de l'une des premières représentations du fondateur de l'ordre des Franciscains, mort en 1226 et canonisé en 1228. Plongée dans sa méditation, la main posée sur un crâne, la Madeleine de La Tour semble irradiée par la foi nouvelle qui l'envahit. Dans cette pauvre cellule, magnifiée par la flamme d'une simple veilleuse, le peintre nous fait témoins d'un mystère : celui de la conversion d'une pécheresse à une vie de pénitence, symbolisée par la discipline (le fouet) posée sur la table.

J. C.

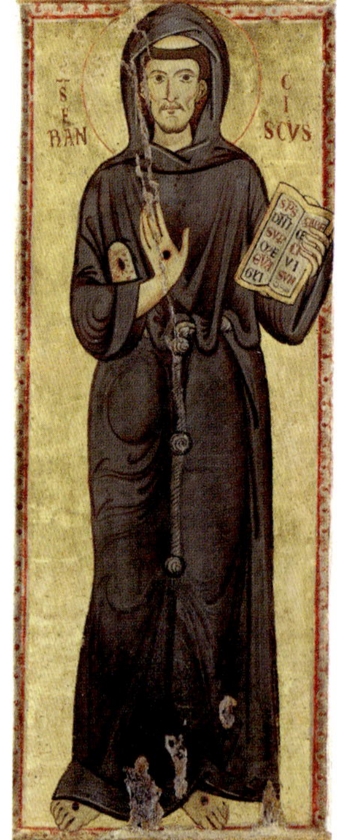

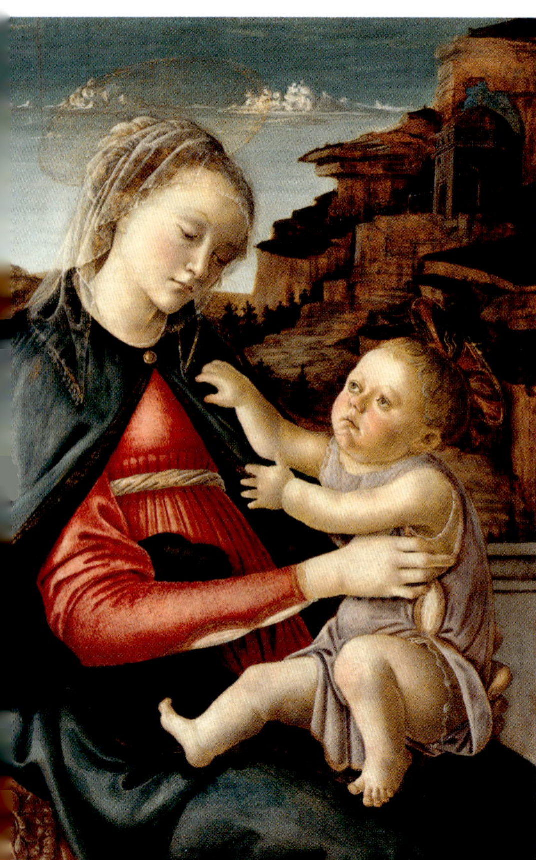

En haut à gauche :
Vierge de douleur,
sud-ouest de la France, vers 1480, bois de noyer polychrome, 117 x 40 cm.

En haut à droite :
Mino da Fiesole,
La Vierge et l'Enfant,
vers 1470, pierre, marbre et traces de dorure, 54 x 41 cm.

À gauche :
Sandro Botticelli,
La Vierge et l'Enfant,
vers 1465-1470, huile sur bois, 90 x 67 cm.

À droite :
anonyme,
Saint François d'Assise (1182-1226),
Rome, vers 1225-1250, bois et fonds d'or, 95 x 39 cm.

Page de droite :
Georges de La Tour,
La Madeleine à la veilleuse,
vers 1640-1645, huile sur toile, 128 x 94 cm.

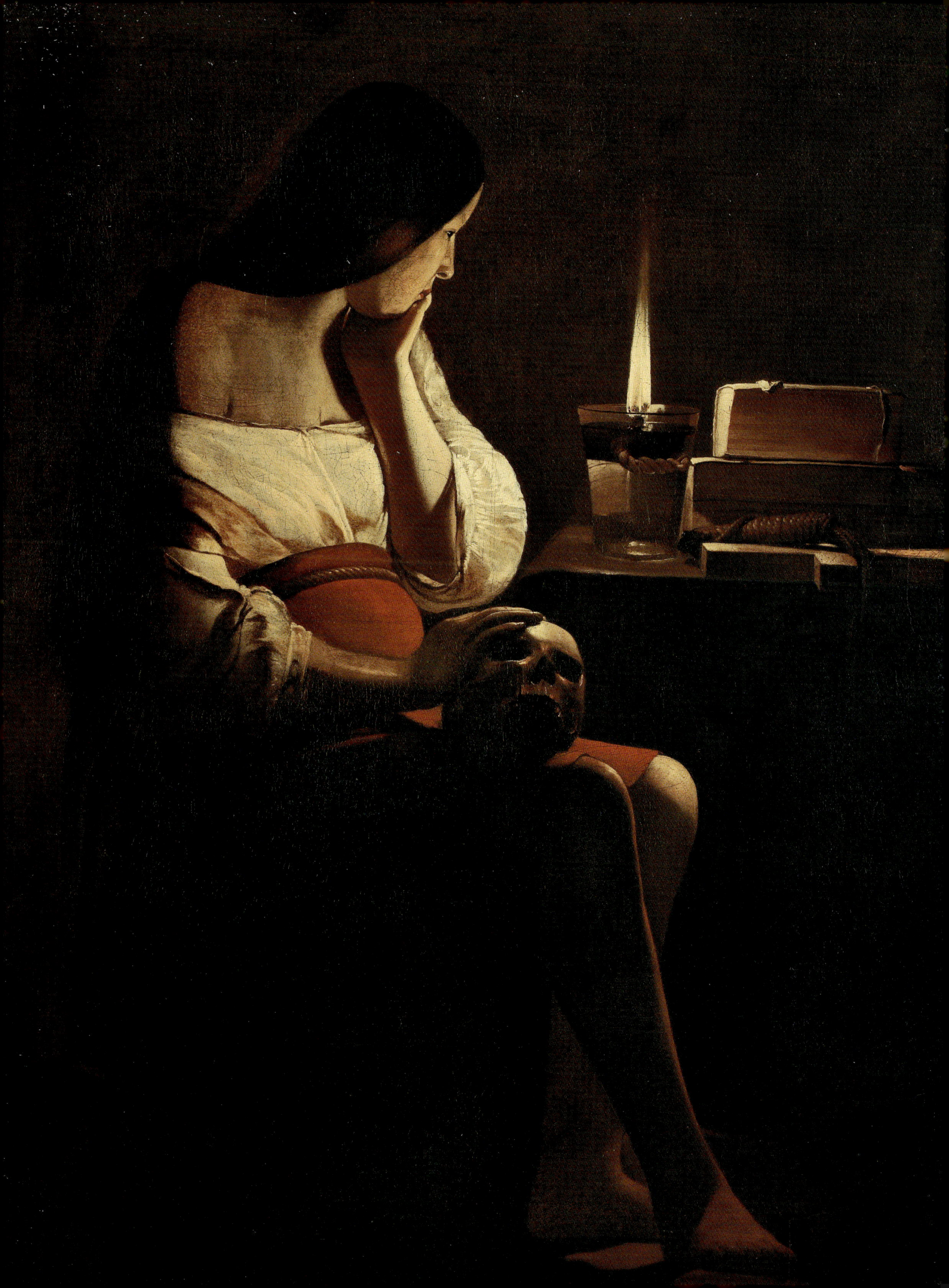

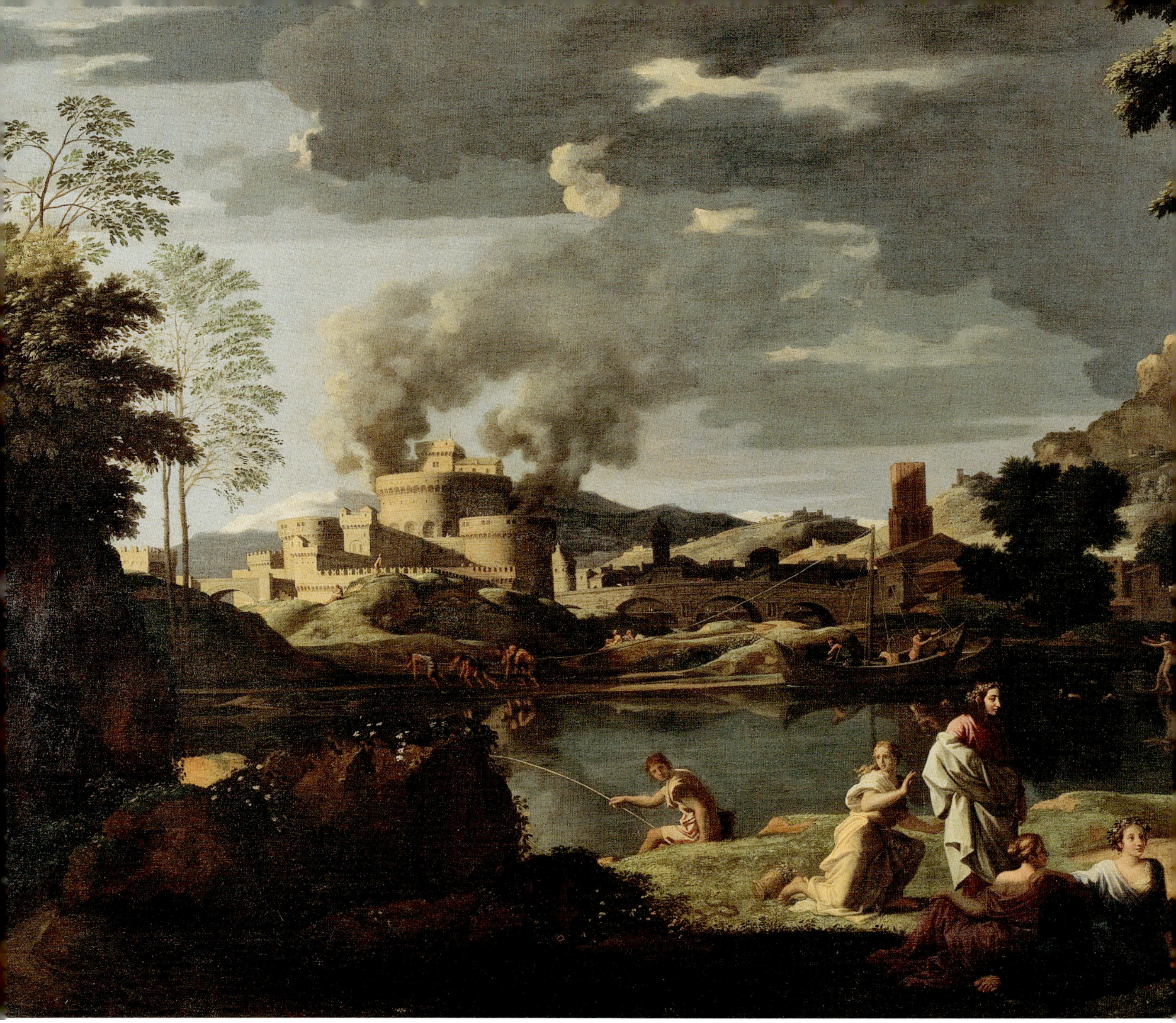

Ci-dessus :
Nicolas Poussin,
Paysage avec Orphée et Eurydice, vers 1650-1653, huile sur toile, 124 x 200 cm.

À droite :
Claude Gellée dit Le Lorrain,
Paysage avec Pâris et Œnone, dit Le Gué, 1648, huile sur toile, 118 x 150 cm.

Page de droite :
Jean-Baptiste Camille Corot,
Volterra (Toscane), vue prise en regardant la citadelle, 1834, huile sur toile, 47 x 82 cm.

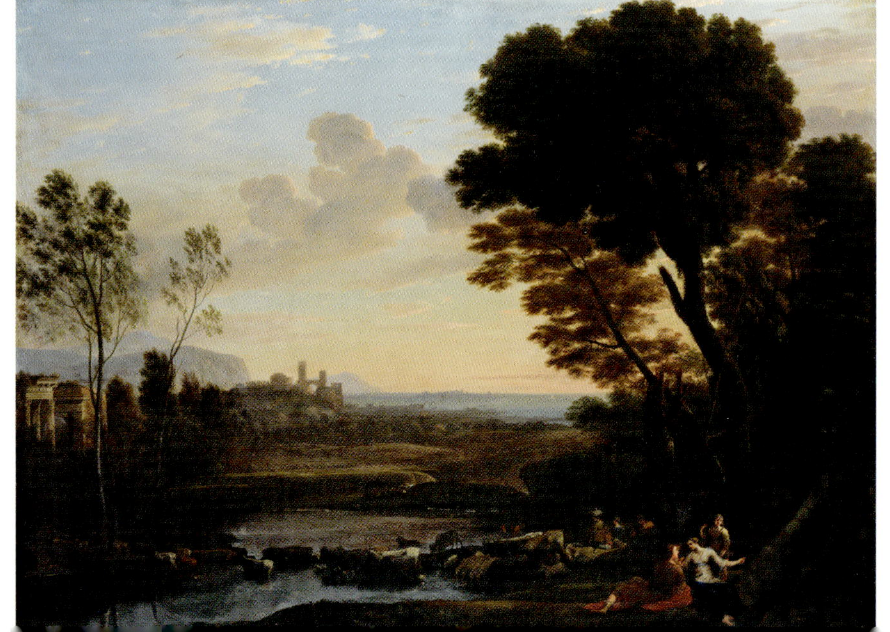

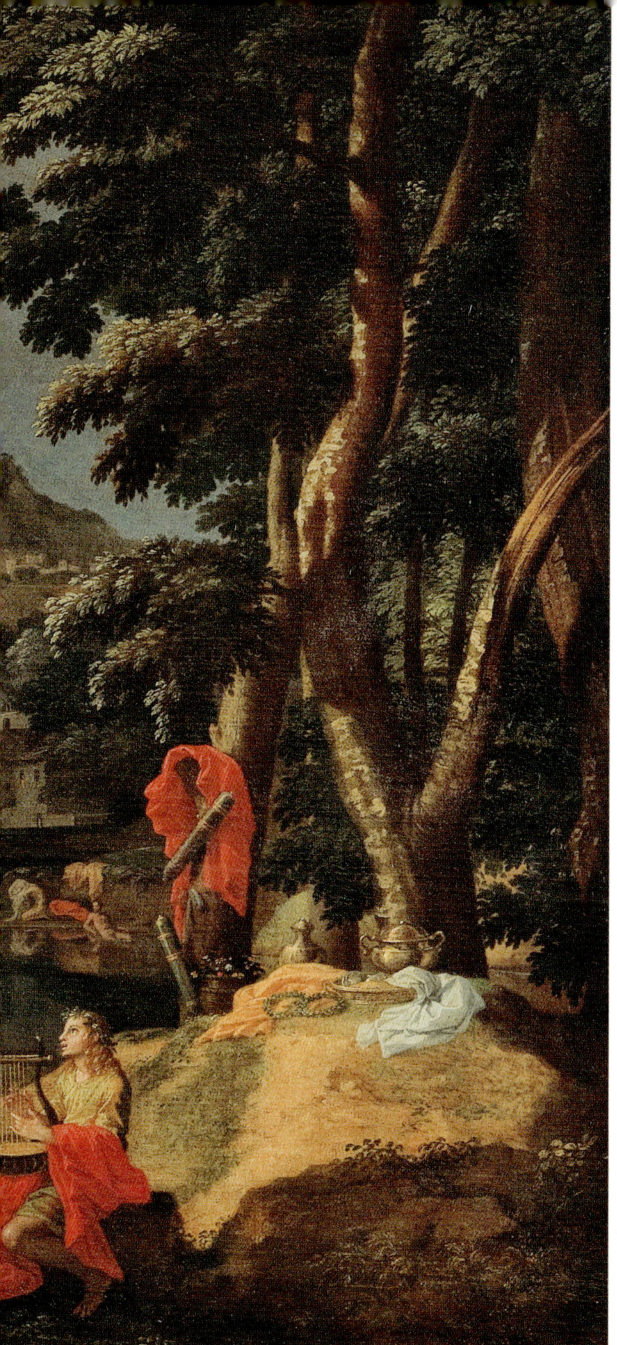

GALERIE DU TEMPS / Peindre la nature

Rien de plus naturel pour un peintre que de planter son chevalet face à un beau paysage pour en fixer la beauté. Mais il n'en va pas ainsi au XVIIe siècle. Nicolas Poussin et Le Lorrain peignent une nature savamment recomposée, ennoblie par des édifices classiques et par la présence de personnages tirés de l'histoire ou des mythes de l'Antiquité. Voici, chez Poussin, le drame d'Orphée et Eurydice. Tandis que celui-ci charme l'assemblée par la musique de sa lyre, son épouse agenouillée reçoit la morsure fatale d'un serpent. Les oppositions savantes d'ombre et de lumière, les fumées qui montent vers le ciel chargé de lourds nuages inscrivent cette scène dans un cadre dramatique. Chez Le Lorrain, l'autre grand maître français du paysage à cette époque, les figures s'effacent devant le lyrisme d'une nature tout aussi imaginaire et poétique.

À ce genre noble du paysage classique, les artistes du XIXe siècle substitueront une vision plus directe de la nature. Premier grand maître du paysage moderne, Corot pratique l'étude du motif en plein air, sans négliger pour autant l'art de la composition académique. Réalisée lors de son deuxième séjour en Italie, sa vue de Volterra traduit une sensibilité nouvelle à la lumière, qui fait palpiter la matière. Cette vision pleine de fraîcheur, peinte par touches fluides et vives, se suffit à elle-même. Le paysage, enfin, s'émancipe. Soucieux de ne pas heurter le goût de l'époque, Corot continuera pourtant de présenter par ailleurs des compositions plus conventionnelles dans les expositions officielles. J. C.

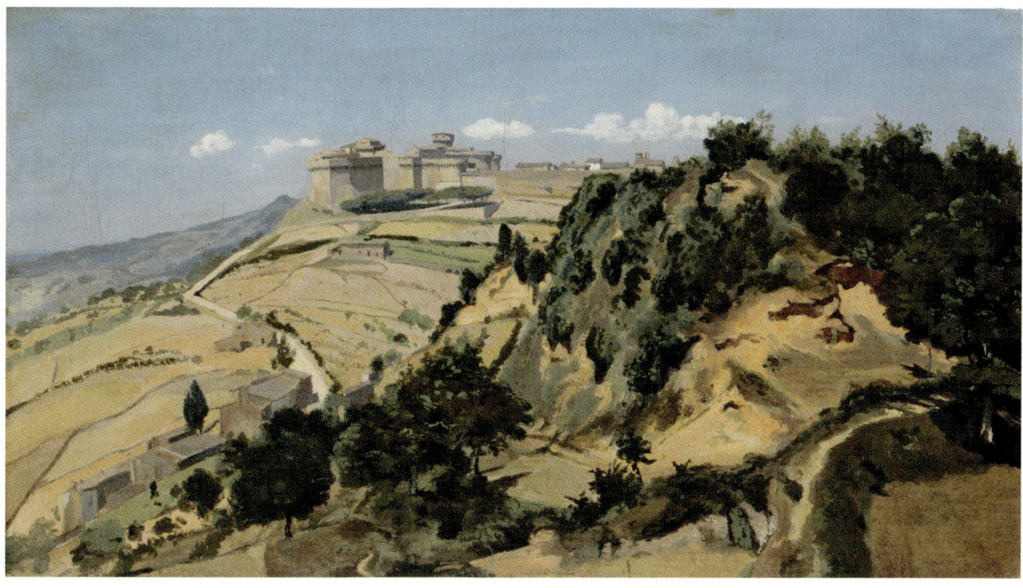

GALERIE DU TEMPS / Faune et flore

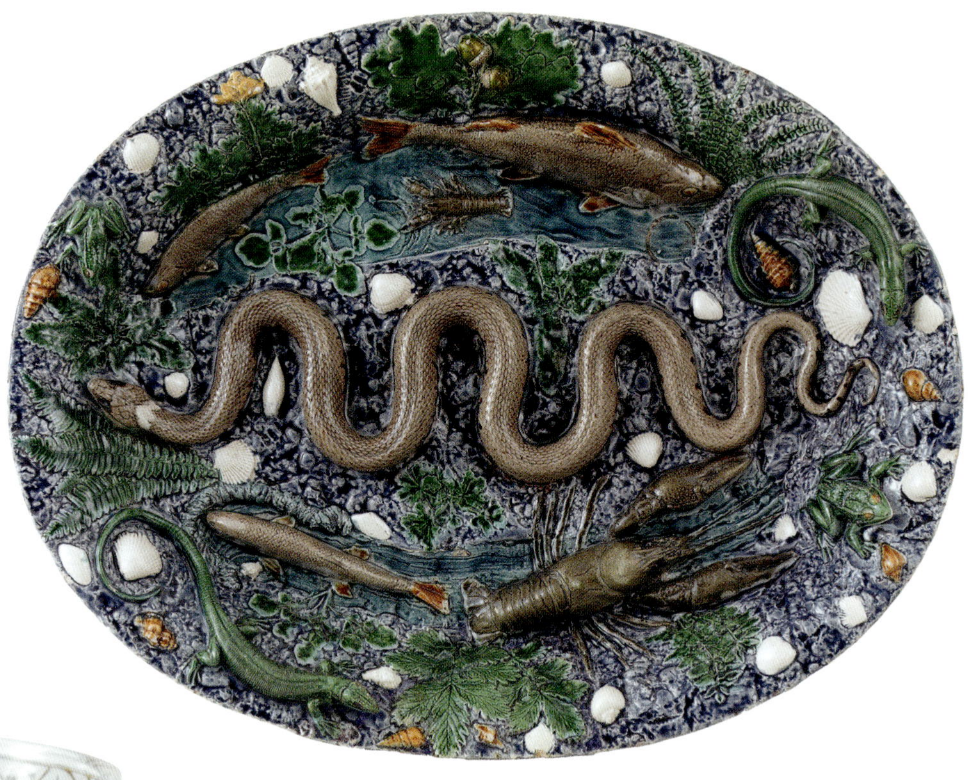

La manufacture de pierres dures fondée en 1588 à Florence par le grand-duc Ferdinand Ier était de grande réputation. Ces marqueteries qui mêlent marbres de couleurs et pierres semi-précieuses comme le lapis-lazuli contribuèrent au prestige de la dynastie. La nature est leur source d'inspiration privilégiée : branchages et rinceaux chargés de fleurs et de fruits, oiseaux et papillons.

À la même époque, dans une cour non moins brillante, celle du sultan ottoman, l'inspiration florale triomphe dans les céramiques d'Iznik. Cette vaisselle tentait de rivaliser avec la porcelaine chinoise, collectionnée par les sultans et les princes d'Europe dès le XVe siècle. Plusieurs décennies avant les Médicis, qui cherchaient eux aussi le secret de la porcelaine, les ateliers ottomans avaient en effet réussi à créer une céramique dure et brillante, qui imita d'abord les décors bleu et blanc de Chine. La palette se diversifia dans la seconde moitié du XVIe siècle. Les tulipes, qui allaient faire fureur en Occident à la fin du siècle, étaient avec l'œillet, la jacinthe et la rose les fleurs privilégiées par ces décors.

En France, Bernard Palissy poussa l'exigence du naturalisme jusqu'à mouler des serpents, des lézards, des poissons, des coquillages et des feuillages. Les recherches céramiques passionnées de « maître Bernard » sont entrées dans la légende. J. C.

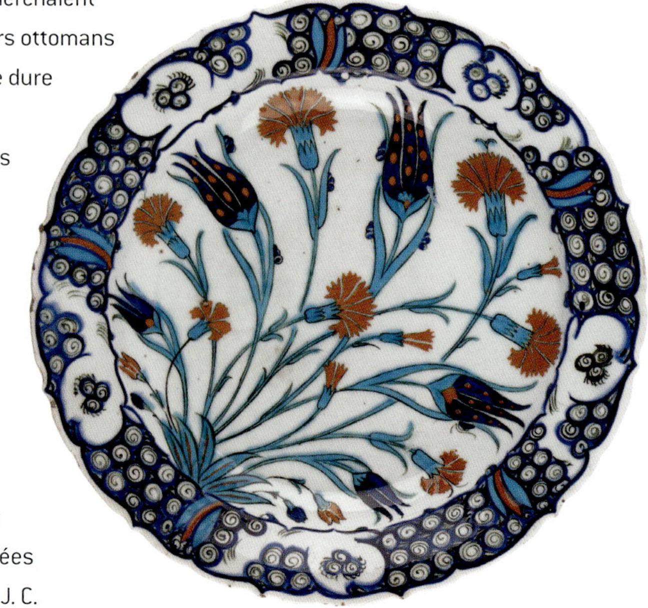

En haut :
Bernard Palissy (attribué à), **bassin décoré d'un serpent, de poissons et de lézards**, France, vers 1600, terre cuite vernissée, L. 52,5 cm.

Ci-dessus :
coupe aux oiseaux et au décor végétal, Inde ou Turquie, 1600-1800, cristal de roche, décor d'or, d'émail et de pierres de couleur, h. 6,5 cm.

À droite :
plat au bouquet de tulipes et d'œillets, Iznik (Turquie), vers 1560-1580, céramique à décor peint sous glaçure, d. 36 cm.

Page de droite :
plateau de table à décor floral, Florence, 1668, mosaïque de marbre et pierres dures, 124 x 77 cm.

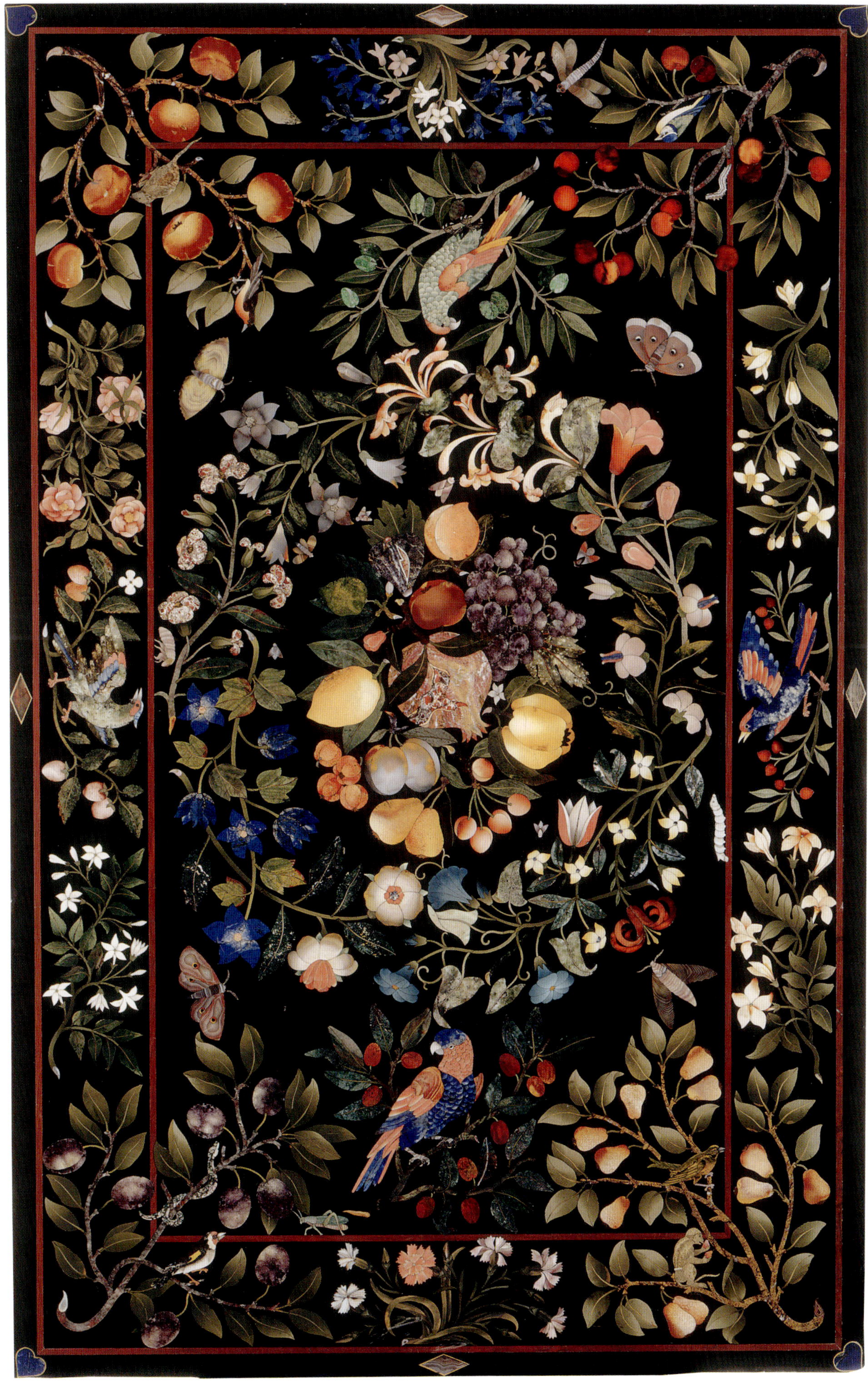

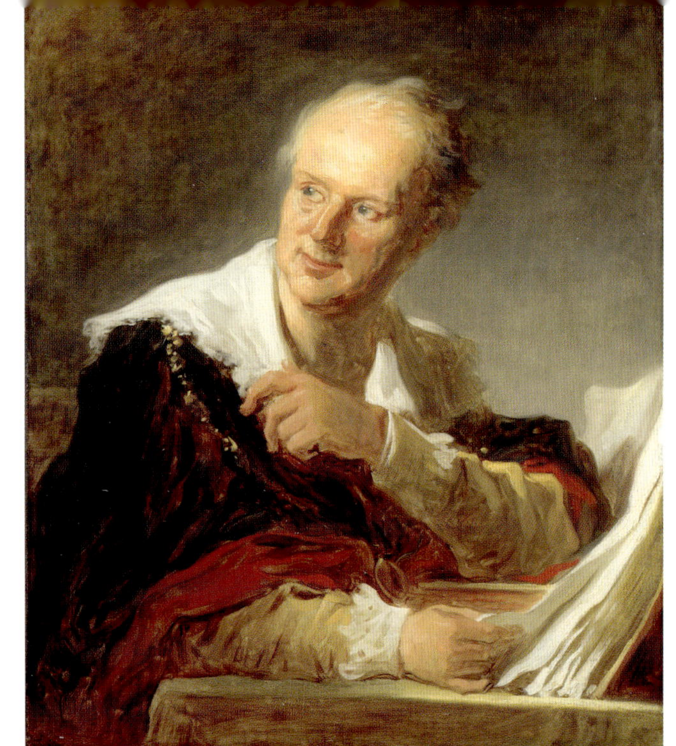

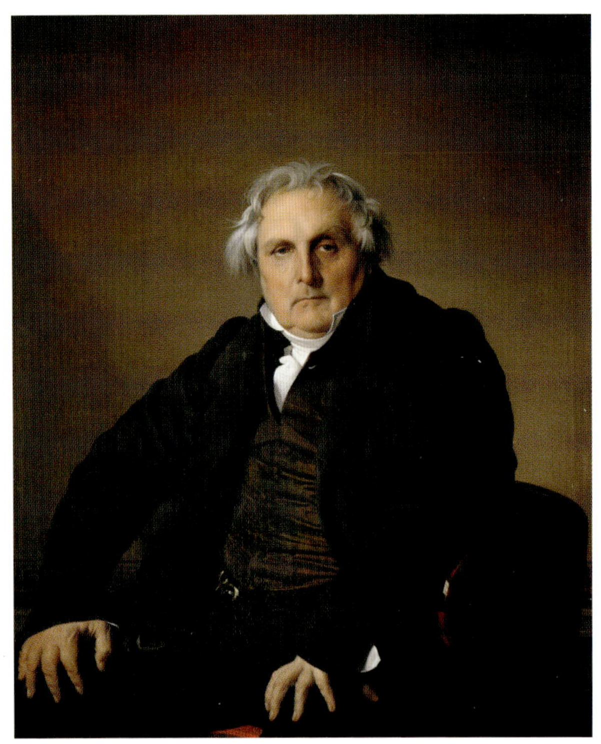

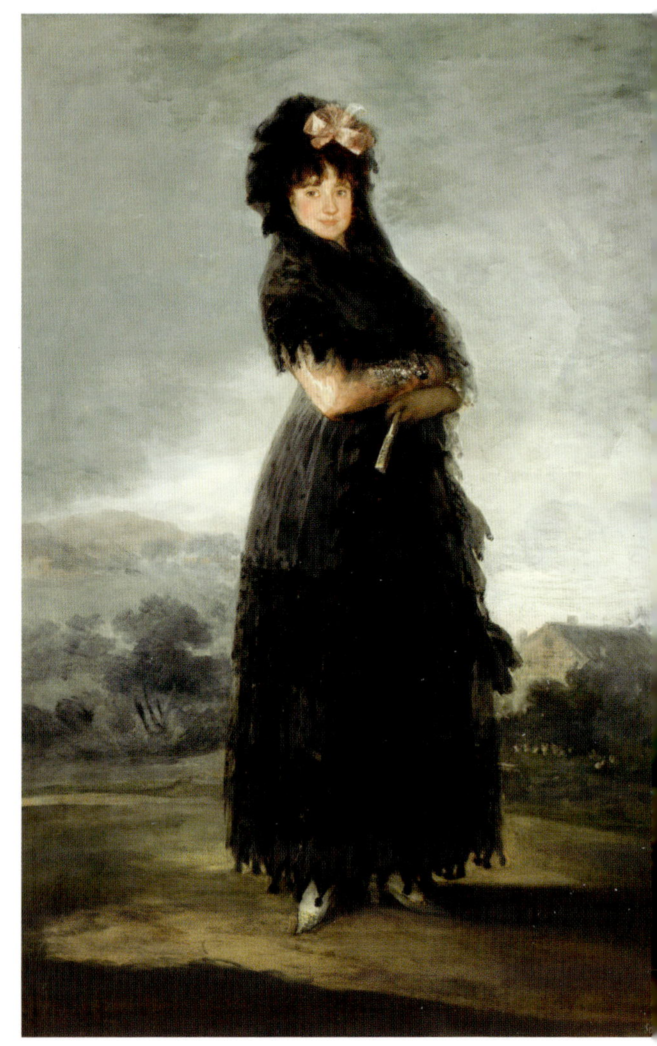

Diplomate, écrivain, auteur d'un ouvrage célèbre, *Le Livre du courtisan*, publié en 1528, Baldassare Castiglione fut à la fois un homme de haute culture et le serviteur des princes. Raphaël, qui fut son ami, fait le portrait du courtisan accompli, vêtu avec richesse et élégance. Mais il peint aussi l'homme et l'ami cher, dont le visage rayonne d'intelligence et de bonté. Mains croisées, buste de trois quarts, regard tourné vers le spectateur, le portrait s'inspire d'un autre chef-d'œuvre du genre, *La Joconde*. Deux siècles et demi plus tard, une autre rencontre au sommet entre un écrivain philosophe et un peintre se traduit par un flamboyant chef-d'œuvre. Mais plus encore qu'un portrait de Diderot, c'est une allégorie de l'intelligence inspirée que brosse Fragonard, avec une verve étincelante.

Tout aussi intense, quoique dans un style opposé, le *Portrait de M. Bertin* par Ingres campe l'une des plus influentes personnalités de la monarchie de Juillet (1830-1848). La posture presque triviale rend admirablement l'énergie du fondateur du *Journal des débats*, qui semble prêt à bondir. C'est une présence d'un autre ordre qui se dégage du *Portrait de la marquise de Santa Cruz* peint par Goya. Née Mariana Waldstein, appartenant à une grande famille autrichienne, elle devint par son mariage avec le marquis de Santa Cruz l'une des femmes les plus en vue de la cour espagnole. La séduisante marquise fut peut-être la maîtresse de l'artiste. Elle porte ici le costume des *majas* (« belles ») espagnoles, mantille et jupe noire, dont s'était entichée la haute aristocratie. J. C.

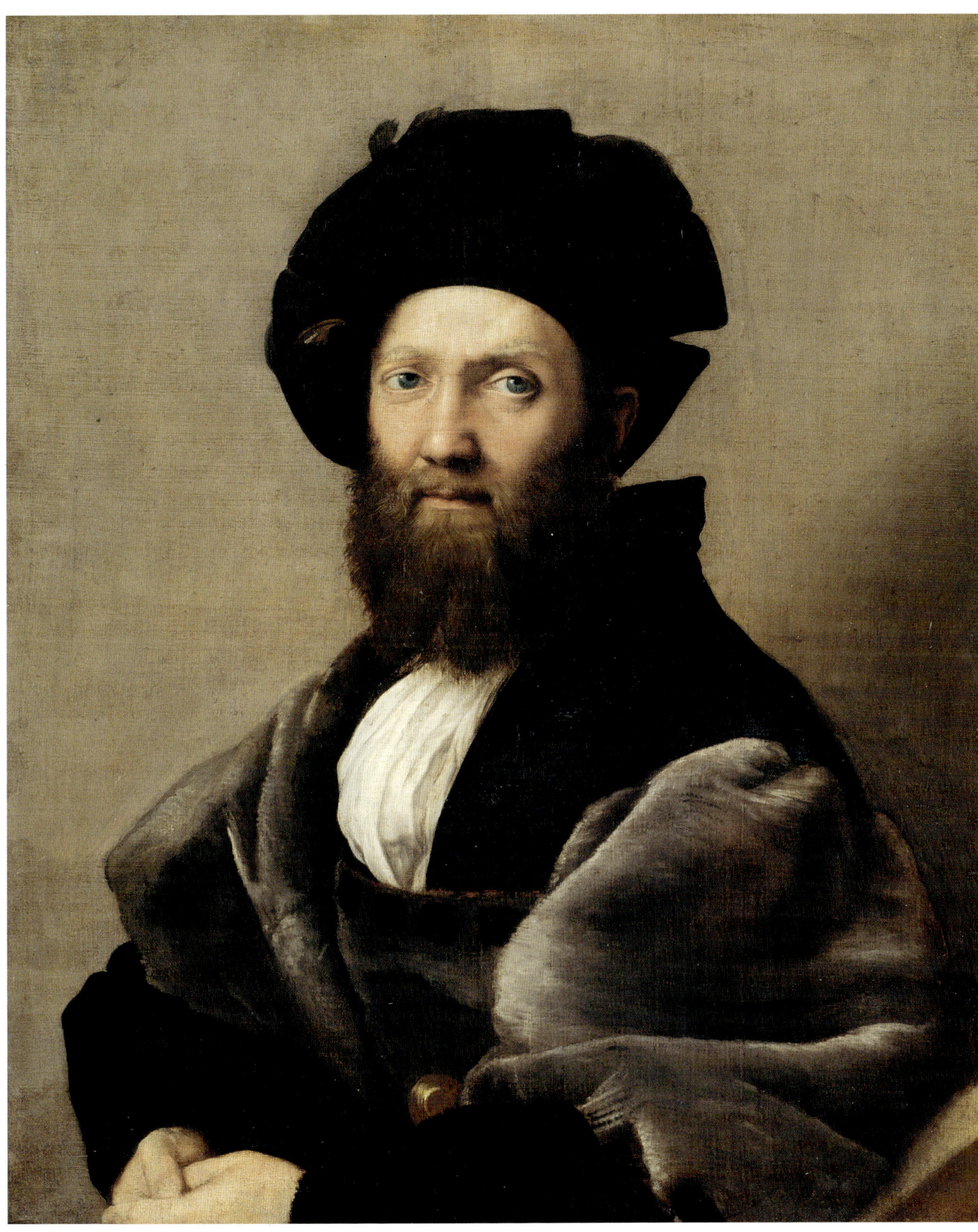

Page de gauche, de gauche à droite et de haut en bas :
Jean-Auguste-Dominique Ingres,
Louis-François Bertin (1766-1841), journaliste et écrivain politique,
1832, huile sur toile, 116 x 95 cm.

Jean-Honoré Fragonard,
Le Philosophe Denis Diderot (1713-1784),
vers 1769, huile sur toile, 81 x 65 cm.

Francisco José de Goya y Lucientes,
Mariana Waldstein (1763-1808), neuvième marquise de Santa Cruz,
vers 1797-1800, huile sur toile, 142 x 97 cm.

Ci-dessus :
Raphaël,
Baldassare Castiglione (1478-1529), écrivain et diplomate,
vers 1514-1515, huile sur toile, 82 x 67 cm.

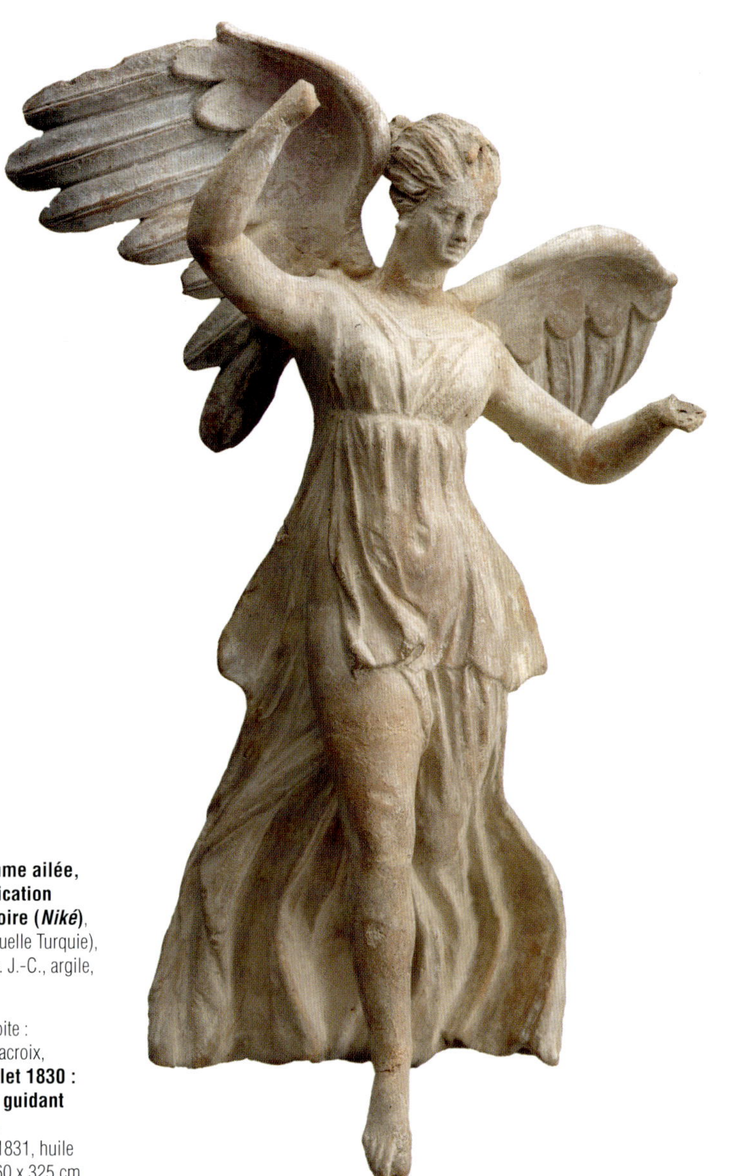

Ci-contre :
jeune femme ailée, personnification de la Victoire (*Niké*), Myrina (actuelle Turquie), vers 190 av. J.-C., argile, h. 25 cm.

Page de droite : Eugène Delacroix, **Le 28 Juillet 1830 : la Liberté guidant le peuple**, vers 1830-1831, huile sur toile, 260 x 325 cm.

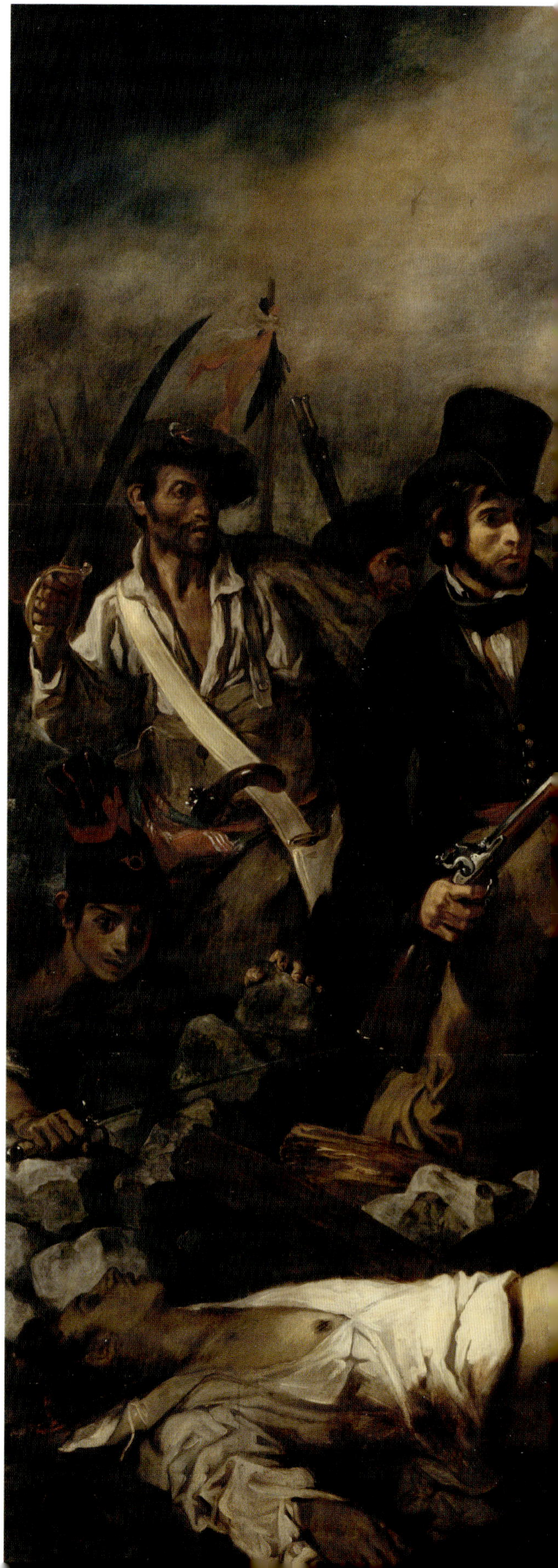

Dès l'époque archaïque, les Grecs ont symbolisé la victoire par une jeune femme ailée. Ces représentations sont devenues très fréquentes à la fin de l'âge classique et à l'époque hellénistique. Petite sœur de la *Victoire de Samothrace*, cette gracieuse créature de terre cuite semble portée par le vent qui plaque sur son corps le vêtement plissé. L'art européen de la fin du XVIIIe siècle et du XIXe siècle s'est emparé de ces figures ailées dans de nombreuses allégories. Delacroix n'a quant à lui pas eu besoin de mettre des ailes à sa Liberté pour lui insuffler une extraordinaire vitalité. Le tableau évoque les journées des 27, 28 et 29 juillet 1830, dont le peintre fut le témoin direct. Au cours de ces fameuses Trois Glorieuses, le soulèvement du peuple parisien provoqua la chute du roi Charles X. Porté sur le trône par cette révolution, le roi Louis-Philippe fit acheter le tableau pour le Louvre, où l'on s'empressa de le mettre en réserve. Même constitutionnelle, la monarchie craignait les émeutes... Avec son cortège composé d'un ouvrier au coutelas vengeur, d'un étudiant portant un mousquet et d'un gamin des rues armé de pistolets, l'admirable figure de Delacroix transcende la pure représentation d'une héroïne de cette révolution parisienne. Sa poitrine dénudée fait référence aux déesses et aux Victoires de la Grèce antique. C'est dans la fusion héroïque de l'allégorie classique et de l'événement historique que *La Liberté guidant le peuple* gagna son statut d'icône républicaine.

J. C.

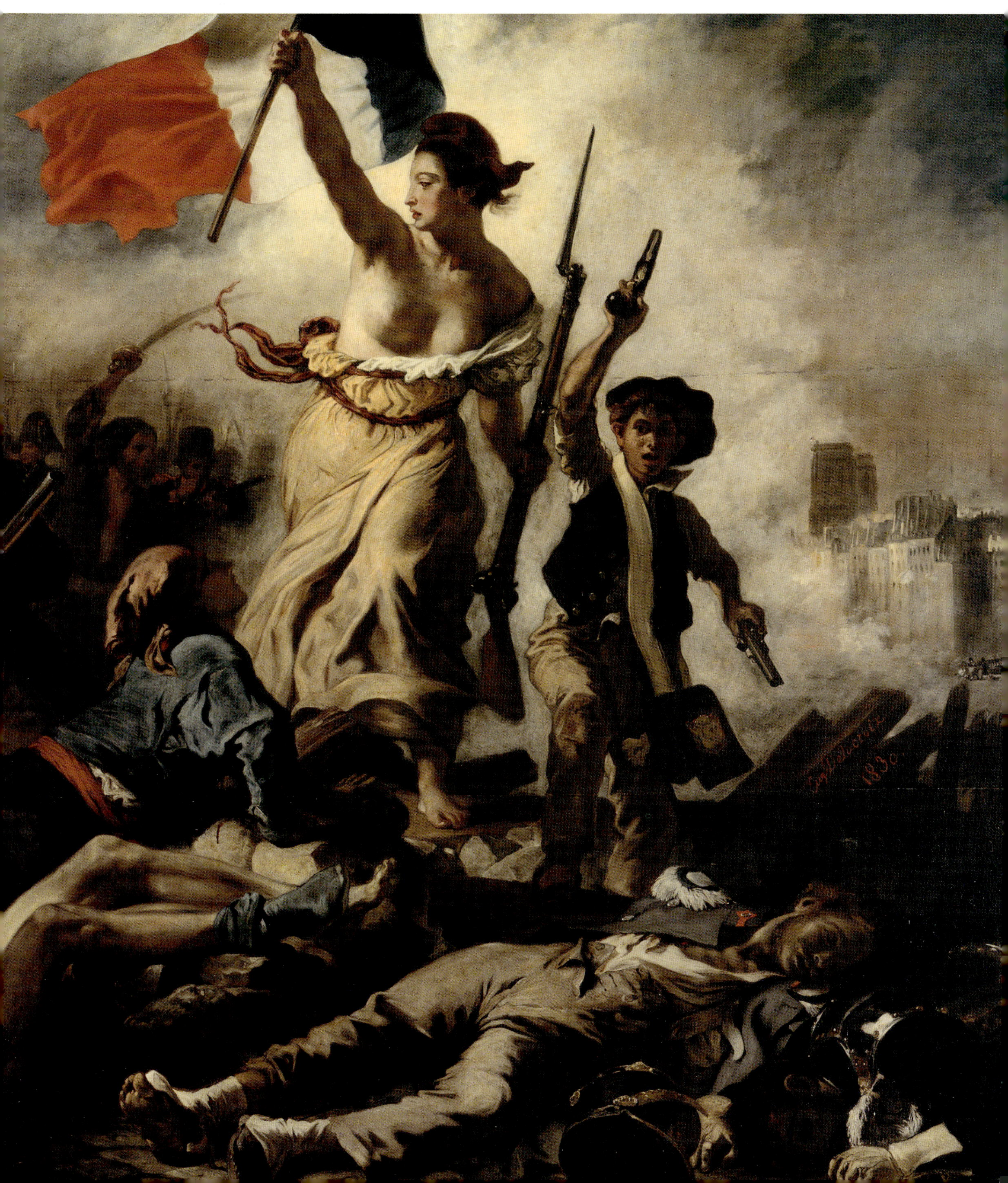
Eug Delacroix
1830.

Guide pratique

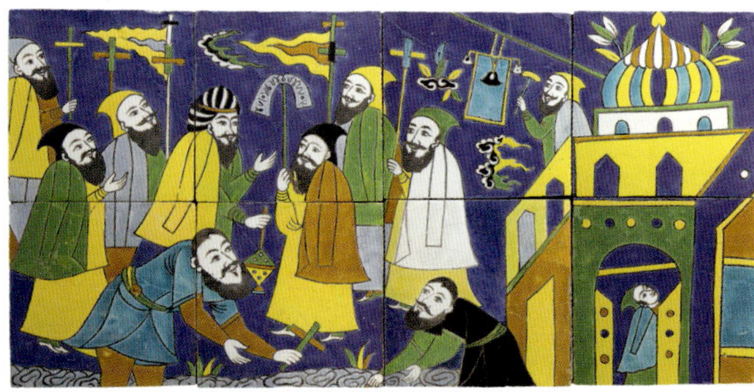

LOUVRE-LENS
Accès : rue Paul-Bert ou rue Georges-Bernanos
03 21 18 62 62 – www.louvrelens.fr
Administration : 6, rue Charles-Lecoq – BP 11 – 62301 Lens cedex

ACCÈS
- **En voiture :** Nationale 25 d'Arras à Lille, Nationale 43 d'Hénin-Beaumont à Béthune, Départementale 947 vers La Bassée. Ceinturée par l'A 21 et l'A 211, Lens est reliée aux autoroutes A 1 (Lille-Paris) et A 26 (Calais-Reims).
- **En train :** la gare de Lens est desservie par de nombreuses liaisons régionales. Elle est également station d'arrêt sur des grandes lignes telles que la ligne TGV Paris-Dunkerque. Une navette dessert directement le musée.
- **En avion :** l'aéroport international de Lille-Lesquin est le plus proche de Lens. Situé le long de l'A 1, il est à moins de 30 mn de Lens.

HORAIRES D'OUVERTURE
Le musée est ouvert tous les jours de 10 h à 18 h (accueil des groupes dès 9 h). Fermeture hebdomadaire le mardi. Fermeture le 1er mai. Nocturnes le premier vendredi du mois, de septembre à juin, jusqu'à 22 h.

RESTAURANT ET LIBRAIRIE-BOUTIQUE
La librairie-boutique (située dans le hall d'accueil) est gérée par La Boutique du Lieu et ouverte aux mêmes horaires que le musée.

Le restaurant situé dans le parc du Louvre-Lens a été confié au chef Marc Meurin, dont le restaurant au château de Beaulieu, à Busnes, possède 2 étoiles au *Guide Michelin*.

À LIRE ET À VOIR
- Geneviève Bresc-Bautier (dir.), *Renaissance*, catalogue de l'exposition, Louvre-Lens/Somogy, 2012.
- Album de l'exposition.
- Pierre-Yves Le Pogam et Audrey Bodéré, *Le Temps à l'œuvre*, catalogue de l'exposition du Pavillon de verre, Louvre-Lens/Invenit, 2012.
- Xavier Dectot, Jean-Luc Martinez et Vincent Pomarède, *Le Louvre-Lens*, guide du musée. Disponible en 2013 en anglais et en néerlandais.
- Album de la Galerie du temps.
- *Louvre-Lens, la Galerie du temps*, documentaire écrit par Nora Philippe et Michaël Gaumnitz, réalisé par Michaël Gaumnitz, ARTE France/AMIP/musée du Louvre, 2012, 52 mn.
- Sur Internet : « Lens, vous voyez le tableau », fresque interactive et sonore, www.arte.tv.fr

LES PARTENAIRES DU LOUVRE-LENS
Le conseil régional Nord-Pas-de-Calais et le musée du Louvre remercient les mécènes bâtisseurs et partenaires du Louvre-Lens qui ont contribué à la naissance de ce musée d'exception. Dix-neuf entreprises, PME-PMI et groupes internationaux, ont ainsi participé avec enthousiasme à cette aventure collective. Qu'elles soient remerciées ici pour leur engagement et leur implication sans faille.

Ci-dessus : **carreau à scène chrétienne et décor de ligne noir**, Iran, XVIIe siècle, céramique, 49 x 96 cm.

Page de droite : **la déesse Bastet sous sa forme de chatte**, Égypte, 650-350 av. J.-C., bronze, yeux en cristal de roche, h. 19,4 cm.

Dos de couverture : manufacture de Sèvres, scène peinte par J.-F.-J. Swebach, **assiette d'un service à dessert, dit « Service encyclopédique »**, *Fabrique de charbon*, vers 1805-1806, d. 23,3 cm.

Remerciements : Nous remercions Delphine Chabaillé, Lucie Streiff-Rivail et Charles Valentin, du Louvre-Lens, pour l'aide apportée à la réalisation de ce numéro.
Crédits photographiques : © Kazuyo Sejima + Ryue Nishizawa/SANAA, Tim Culbert + Celia Imrey/IMREY CULBERT, Catherine Mosbach – photo Iwan Baan : couverture h, p. 36-37 ; © Photo Ph. Frutier – Altimage : p. 2-3, 23 ; © RMN (Musée du Louvre)/H. Lewandowski : p. 5, 30, 49 hg et d, 50 g, 51 hd, 52 h, 55 hg, 56 bg, 64 ; © Photothèque du Centre historique minier de Lewarde : p. 6 h ; © Roger-Viollet : p. 6-7 ; © François Kollar/Bibliothèque Forney/Roger-Viollet : p. 8, 9 ; © Ernest Roger/Roger-Viollet : p. 10 ; © R.Soberka – wwww.photoway.com : p. 11, 12, 20, 21, 22 hd ; © Ministère des Anciens Combattants du Canada : p. 13 ; © Sébastien Berrut 2007-2011 : p. 14, 15, 16, 17, 19 h ; © P. Cheuva-Centre historique minier : p. 18, 19 b ; © Mission Bassin Minier : p. 22 hg et bg ; © Situation et Ensemble : p. 24 hd ; © Musée de la Chartreuse – Douai/photo Daniel Lefebvre : p. 24 g ; © Manuelle Gautrand Architecture – photo M. Lerouge/LMCU : p. 24 md ; © F. Kleinefenn : p. 24 bd ; © A. Leprince : p. 25 ; Image SANAA © Kazuyo Sejima + Ryue Nishizawa/SANAA, Tim Culbert + Celia Imrey/IMREY CULBERT, Catherine Mosbach : p. 26-27, 28, 35 bm et b ; © RMN (Musée du Louvre)/T. Ollivier : p. 29 ; © RMN-Grand Palais (Musée du Louvre)/M. Beck-Coppola : p. 31, 68 ; © RMN (Musée du Louvre)/F. Raux : couverture bg, p. 32, 49 bg ; © RMN (Musée du Louvre)/R.-G. Ojéda : p. 33, 44 bg, 45, 50 d, 55 m, 56 hg et bd, 62 h ; © Takashi Okamot : p. 34 g ; © Philippe Chancel/maison du projet (Ville de Lens, 2009) : p. 34 d ; © Image Cyrille Thomas © Kazuyo Sejima + Ryue Nishizawa/SANAA, Tim Culbert + Celia Imrey/IMREY CULBERT, Catherine Mosbach : p. 35 h et hm ; © Euralens : p. 38, 39 ; © RMN (Musée du Louvre)/J.-G. Berizzi : p. 40, 41, 52 bg, 55 hd, 61 ; © Musée des Beaux-Arts d'Arras/Claude Thériez : p. 42 h ; © Musée La Piscine (Roubaix), Dist. RMN/A. Loubry : p. 42 b ; © Bergues, Musée municipal/Philippe Beurtheret : p. 43 ; © Musée du Louvre, Dist. RMN/P. Philibert : p. 44 h, 53 h, 55 b ; © RMN (Musée du Louvre)/A. Didierjean : p. 44 bd ; © RMN-Grand Palais (Musée du Louvre)/S. Maréchalle : p. 46-47, 53 b, 58 b, 62 b ; © Musée du Louvre, Dist. RMN/R. Chipault : p. 48, 60 m ; © Musée du Louvre, Dist. RMN/T. Ollivier : p. 51 hg ; © 2012 Musée du Louvre, Dist. RMN/P. Fuzeau : p. 51 b, 56 hd, 59 ; © Musée du Louvre/Daniel Lebée/Carine Deambrosis : p. 52 bd ; © Musée du Louvre, Dist. RMN/G. Poncet : p. 54, 67 ; © 2007 Musée du Louvre/Angèle Dequier : p. 57, 62 m ; © Musée du Louvre, Dist. RMN/A. Dequier-M. Bard : p. 58 h ; © Musée du Louvre, Dist. RMN/M. Beck-Coppola : p. 60 h ; © 2006 Musée du Louvre/Claire Tabbagh/Collection : p. 60 b ; © RMN (Musée du Louvre)/Tony Querrec : couverture bm, p. 63 ; © 2009 Musée du Louvre/E. Lessing : couverture bd, p. 65 ; © Musée du Louvre, Dist. RMN/Hughes Dubois : p. 66.
Hors-série de Connaissance des Arts
Directeur de la publication-Gérant de SFPA : Francis Morel
Directeur de la rédaction : Guy Boyer @ – Directeur du développement : Philippe Thomas @ – Rédactrice en chef : Pascale Bertrand @
Iconographe : Diane de Contades @ – Chefs de fabrication : Sandrine Lebreton @ et Anaïs Barbet @
Pour ce numéro : Rédacteur en chef : Jean-Michel Charbonnier @ – Maquette : Isabelle de Vassart – Secrétariat de rédaction : Raphaëlle Zennaro.
Diffusion des hors-série : Jérôme Duteil @ : 01 44 88 55 17 – Abonnements et vente au numéro : 01 55 56 71 08.
Les personnes dont le nom est suivi du signe @ disposent d'une adresse e-mail, à composer comme suit : initialeduprénomnom@cdesarts.com
Connaissance des Arts est édité par SFPA (Société Française de Promotion Artistique), Sarl au capital de 150 000 €.
Connaissance des Arts est une publication du Groupe Les Échos.
Président-directeur général : Francis Morel – Directeur général délégué : Christophe Victor – Directeur délégué : Bernard Villeneuve – Directrice du pôle B to C : Claire Lénart Turpin
16, rue du Quatre-Septembre, 75112 Paris Cedex 02 – Tél. : 01 49 53 65 65 – Fax : 01 44 88 51 88 – e-mail : cda@cdesarts.com – 304 951 460 RCS. Paris
Commission paritaire : 1015 K 79964 – ISSN 1242-9198 – ISBN Louvre-Lens : 978-2-36838-006-2 – H. S. n° 563 – Dépôt légal : 4e trimestre 2012 – Photogravure : Planète Couleurs, Paris
Impression : Etic, Laval (53), sur papier LumiArt 170 gr fourni par Storaenso, certifié issu de la gestion durable des forêts.

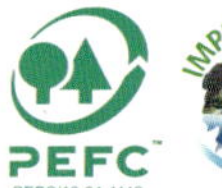

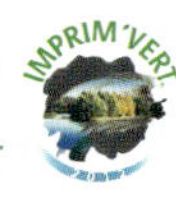